生活保護獲得ガイド 【改訂新版】

矢野輝雄 著

緑風出版

生活保護のあらまし

 生活保護の種類

生活保護には、次の8種類の扶助があり、国の定めた最低生活費の基準の範囲内で支給されます。

① 生活扶助・・・食費、衣類、電気・ガスなどの費用
② 教育扶助・・・義務教育のために必要な費用
③ 住宅扶助・・・家賃、地代などの費用
④ 医療扶助・・・病気やけがの治療に必要な費用
⑤ 介護扶助・・・介護サービスを受けるために必要な費用
⑥ 出産扶助・・・出産のために必要な費用
⑦ 生業扶助・・・仕事につくためや技術を身につけるための費用
⑧ 葬祭扶助・・・葬儀のために必要な費用

(1) 8種類の中のいずれかの扶助または複数の扶助が受けられます。
(2) どの種類の扶助を受ける場合にも福祉事務所長への生活保護申請が必要です。
(3) 8種類の生活保護の内容は、第3章のＱ13からＱ20を参照

最低生活費と収入の比較

 保護を受けられる場合

国の定めた最低生活費 (119～122頁参照)	
世帯全体の収入	保護費

 保護を受けられない場合

国の定めた最低生活費

世帯全体の収入

生活保護基準の体系

困窮のため最低限度の生活を維持することのできない者に対する生活保護の支給基準の体系は次のようになっています（各扶助の詳細は、第3章Q13からQ20参照）。

 生活扶助

第1類（個人単位の経費）	食費、衣類購入費など
第2類（世帯単位の経費）	光熱費、家具購入費など（2類に冬季加算があります）
加算	
①妊産婦加算	妊婦と産婦に対する栄養補助
②母子加算	母子・父子世帯の児童の養育費用
③障害者加算	身体障害者に対する特別措置
④介護施設入所者加算	介護施設入所者への対応
⑤在宅患者加算	在宅患者の栄養補給
⑥放射線障害者加算	原爆被爆者の障害者への対応
⑦児童養育加算	小学生までの児童の養育に対応
⑧介護保険料加算	1号被保険者の保険料の実費
入院患者日用品費	入院している患者の一般生活費
介護施設入所者基本生活費	施設入所者の一般生活費
一時扶助	保護開始時、入学・出産・入退院時の特別の措置
期末一時扶助	年末12月の特別需要に対応

 教育扶助

基準額	小学生2,210円、中学生4,290円
教材代	正規の教材として指定されたものの購入費用
学校給食費	保護者が負担すべき給食費の額
通学交通費	通学に必要な最少限度の額

家賃、間代、地代	家賃・間代と自己所有の家屋の地代
住宅維持費	現に居住する家屋の修理費用

指定医療機関の診療を受ける場合の費用
薬剤や治療材料の費用
施術(はり、灸など)のための費用
移送費(移動に必要な最少限度の額)

居宅介護、福祉用具、住宅改修または施設介護の費用
移送費(移動に必要な最少限度の額)

基準額(居宅分べん 262,000円以内・施設分べん 293,000円以内)
施設分べん費の加算
衛生材料費の加算

生業費	小規模事業のための資金・器具・資料費	46,000円以内
技能修得費	高校就学その他の技能修得の費用	
就職支度費	就職のための洋服、靴その他の物の購入費用	31,000円以内

基準額(大人と小人の別)
基準額を超える火葬費用・死体の運搬費用の加算

生活保護の手続の流れ

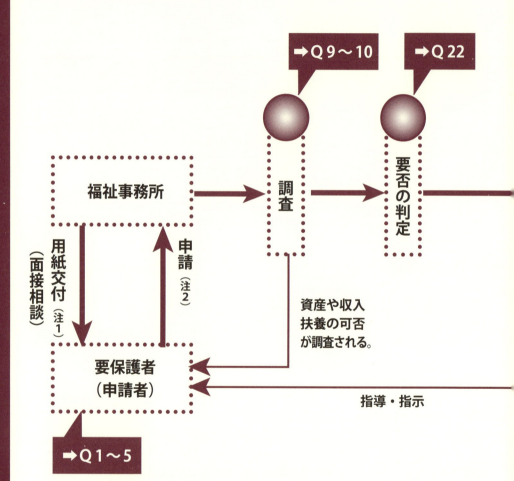

(注1) 申請書用紙の交付を受けられなかったら自分で作る。申請を断念させる相談には、申請書用紙の交付のみを求める。
(注2) 窓口申請を拒否されたら郵送する。

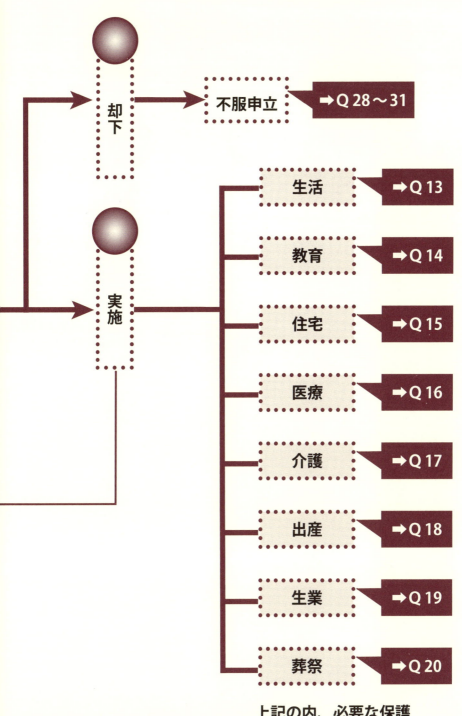

職権保護（急迫保護）の流れ

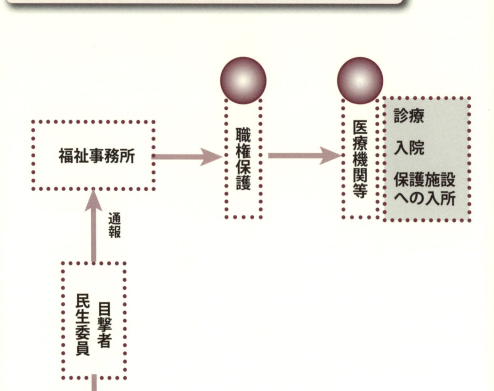

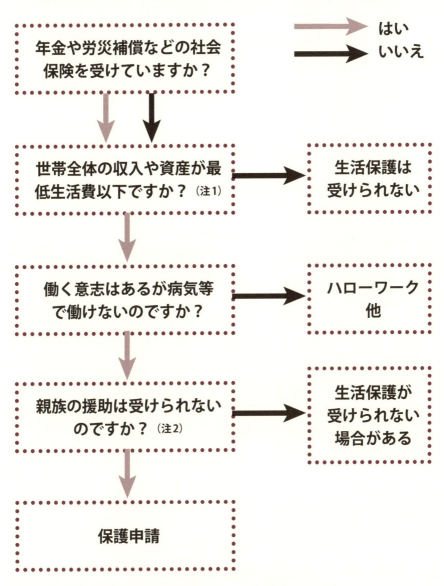

(注1) これが分からない場合は保護申請をする。保護申請をためらわない。
(注2) わずかの援助の場合は保護申請をする。

生活保護Q&A

Q　65歳未満でも保護申請はできますか？
　A　福祉事務所の公務員は、65歳未満の者は生活保護は受けられないといったウソの説明をする場合がありますから、注意が必要です。年齢にかかわらず、生活に困ったときは誰でもいつでも生活保護を申請することができます。

Q　住民票がなくても保護申請はできますか？
　A　居住地（住居のある土地）のない場合でも、現在地（現に所在する土地）の福祉事務所長あてに生活保護の申請ができます。ホームレスでも可能です。

Q　生活保護の申請には何が必要ですか？
　A　生活保護開始の申請をするには、生活保護申請書、資産申告書、収入申告書その他の書類を福祉事務所長あてに提出することが必要です。これらの書類の用紙は福祉事務所の窓口で無料で交付されます。資産申告書、収入申告書その他の書類に記載した事項について証明する書類（例えば、預金通帳の写し、給与明細書の写し）の提出を求められる場合があります。

Q　働く能力があっても収入のない場合は申請できますか？
　A　働く能力（稼働能力）があっても、現に失業をして収入がない場合には生活保護の申請ができます。

Q　働いているのですが、生活保護を受給することはできますか？
　A　働いていても、その収入と資産が厚生労働大臣が定める基準である最低生活費に満たない場合には、生活保護を受給することができます。受給額は「最低生活費－収入」で計算されます。

Q　借金があっても保護申請はできますか？
　A　借金や税金の滞納があっても生活保護とは無関係ですから、生活

保護の申請は可能ですが、生活保護を受けても借金や税金が免除されることはありません。

Q 住宅ローンがありますが、生活保護を受給することはできますか？

　A 住宅ローンがあっても生活保護を受給することはできますが、生活保護費から住宅ローンを返済することは、生活保護制度の目的に反しますから、原則として認められません。

Q 両親を介護するため、両親と同居したいのですが、両親だけ生活保護を受給することはできますか？

　A 生活保護の制度は、原則として「世帯単位」として保護の決定をしますが、世帯内に保護の要件を欠く者がいても、他の世帯員を保護する必要がある場合は、保護の要件を欠く者を分離して他の世帯員のみに保護を適用することができます。この制度を「世帯分離」といいます。

Q 永住資格があれば外国人でも保護申請はできますか？

　A 現在の運用では外国人については永住資格がある者に限って生活保護法を準用することにしています。観光ビザや留学による一時滞在者には準用されません。

Q 自動車を持っていても例外的に保護申請はできますか？

　A 障害者が通勤・通院・通所・通学のために利用する場合や山間僻地のような地理的条件や気象条件の悪い地域に居住している場合は、自動車を保有していても保護申請は可能です。

Q 理由に関係なく生活に困ったときは？

　A 生活保護の制度では生活に困ることになった原因や理由は問いませんから、生活に困った場合は、まず、生活保護申請書を福祉事務所長あてに提出することが大切です。

生活扶助基準額（月額）の例

平成30年度の生活扶助基準（食費・被服費・光熱水費等に対応するもの）の月額の例は、以下です。また、生活扶助のほか、必要に応じて、住宅扶助、医療扶助等が支給されます。

● 支給されるイメージ

最低生活費	
年金、児童扶養手当等の収入	支給される保護費

● 生活扶助基準額の例（平成30年10月1日現在）

	東京都区部等	地方郡部等
3人世帯（33歳、29歳、4歳）	157,170円	131,900円
高齢者単身世帯（68歳）	78,470円	64,420円
高齢者夫婦世帯（68歳、65歳）	118,880円	98,660円
母子世帯（30歳、4歳、2歳）	187,460円	160,160円

※児童養育加算等を含む。

はじめに

生活保護獲得ガイド【改訂新版】

　近年、貧富の格差が著しく拡大し貧困層が増大する「格差社会」となったため、生活保護受給者が増加しています。厚生労働省の公表した資料によると、生活保護受給者の人数は、現行の生活保護法の施行された昭和25年の直後の約200万人から減り続けたものの、平成7年の約88万人を底に増加に転じて、平成30年6月には約210万人になっています。

　生活保護の制度は、生活保護法に規定していますが、生活保護法は、憲法25条1項に規定する「すべて国民は、健康で文化的な最低限度の生活を営む権利を有する」とした生存権の規定に基づいて制定されたものなのです。生存権とは、個人の生存や生活の維持に必要な諸条件の確保を国家に要求することのできる国民の権利をいいます。生存権は、憲法の保障する基本的人権（人間であれば誰でも生まれながら当然に持っている基本的な権利）の一つで、人間に値する生存のための不可欠の権利なのです。

　かつて、各地の多くの自治体の生活保護申請の窓口では、「水際作戦」といわれる生活保護申請に来た人に申請書用紙も交付せずに追い返す違法行為が広く行われていたのです。近年は多少は改善された自治体もありますが、「水際作戦」を改めない自治体もあることから、平成26年4月施行の生活保護法の改正法律案の審議に際して、参議院厚生労働委員会では「生活保護法の一部を改正する法律案に対する附帯決議」として、「いわゆる「水際作戦」はあってはならないことを、地方自治体に周知徹底すること」とした決議がなされているのです。

自治体の「水際作戦」に対抗するには、先ず、生活保護申請書と指定の添付書類を自治体の窓口である福祉事務所長その他の保護の実施機関あてに郵送で提出することが大切です。申請書その他の必要な記入用紙を交付しない場合には、各自治体（都道府県と市）の情報公開担当課又は公立図書館に備え付けている自治体の法規集（例規集）の中の「○市生活保護法施行細則」「○県生活保護法施行細則」に様式の全部が掲載されていますから、申請に必要な様式のコピーを入手してＡ４サイズに拡大コピーをして使用します。自治体の「生活保護法施行細則」には50種類以上の様式が定められていますから、とりあえず、申請に必要な様式のコピーをして申請書類を作成します。

　生活保護申請に必要な用紙は自治体の窓口で無料で交付されますが、交付しない場合はその自治体の情報公開条例によって開示請求をすることも可能です。本来、窓口で無料交付されるような文書は開示請求の対象ではありませんが、開示請求権を行使することによって交付を受けることが可能となります。

　生活保護申請に対する審査に用いる保護の基準となる厚生労働省の告示・事務次官通知・局長通知・課長通知・実施要領等は、毎年のように変更になるうえ、文書の種類は膨大にありますから、自分の知りたい内容を記載した文書は、情報公開条例によって写しの交付を受けます。生活保護申請に対する保護基準の全部を閲覧することは困難ですから、先ず、本書によって生活保護申請書と指定の添付書類を福祉事務所長その他の保護の実施機関あてに提出することから始めます。

　平成30年9月

著者

第1章
生活保護の制度の仕組みは、どのようになっているのですか
19

- **Q 1** 生活保護とは、どんな制度ですか ……………………………… 21
- **Q 2** 生活保護法の基本原理とは、どのようなものですか ………… 23
- **Q 3** 生活保護の4原則とは、どのようなものですか ……………… 27
- **Q 4** 生活保護の種類と内容は、どのようになっていますか ……… 31
- **Q 5** 生活保護の保護基準は、どのようになっていますか ………… 35
- **Q 6** 保護申請の窓口の福祉事務所は、どのようになっていますか ……………………………………………………………………… 39

第2章
生活保護を申請する手続は、どのようにするのですか
45

- **Q 7** 生活保護を申請する際の手続は、どのようにするのですか. 47
- **Q 8** 生活保護の申請前の「面接相談」には、どう対応するのですか ……………………………………………………………………… 56
- **Q 9** 生活保護の申請後の「調査」には、どう対応するのですか. 60
- **Q10** 保護申請から保護の実施までの流れは、どのようになりますか ……………………………………………………………………… 64
- **Q11** 生活保護の申請に際して注意することは、どんなことですか ……………………………………………………………………… 70
- **Q12** 保護を受けている者の権利と義務は、どうなっていますか. 76

第3章

生活保護の種類と内容は、どのようになっていますか
81

- **Q13** 生活扶助の内容は、どのようになっていますか 83
- **Q14** 教育扶助の内容は、どのようになっていますか 89
- **Q15** 住宅扶助の内容は、どのようになっていますか 91
- **Q16** 医療扶助の内容は、どのようになっていますか 93
- **Q17** 介護扶助の内容は、どのようになっていますか 95
- **Q18** 出産扶助の内容は、どのようになっていますか 98
- **Q19** 生業扶助の内容は、どのようになっていますか 100
- **Q20** 葬祭扶助の内容は、どのようになっていますか 103
- **Q21** 保護施設には、どんなものがありますか 105

第4章

保護の要否や程度の決定は、どのようになされますか
109

- **Q22** 保護の要否の判断基準は、どのようになっていますか 111
- **Q23** 最低生活費の認定は、どのようにするのですか 119
- **Q24** 扶養義務者は、どのように扱われますか 122
- **Q25** 収入の認定は、どのようにするのですか 125
- **Q26** 医療扶助の決定は、どのように行われるのですか 129
- **Q27** 介護扶助の決定は、どのように行われるのですか 132

第5章
生活保護の各種の処分への不服申立は、どうするのですか
135

- **Q28** 処分に対する不服申立とは、どういう制度ですか ……………137
- **Q29** 不服申立書は、どのように作成するのですか ………………142
- **Q30** 不服申立書は、どのように処理されるのですか ……………145
- **Q31** 不服申立の結論に不服がある場合の訴訟の提起は、どうするのですか ………………………………………………………148

付録
151

- **付録1** 生活保護申請書の書式例 ………………………………………152
- **付録2** 資産申告書の書式例 …………………………………………154
- **付録3** 収入申告書の書式例 …………………………………………156
- **付録4** 調査の同意書の書式例 ………………………………………158
- **付録5** 保護変更申請書（傷病届）の書式例 ………………………160
- **付録6** 生活保護法による一時扶助申請書の書式例 ………………161
- **付録7** 「級地」区分表 …………………………………………………162

第 1 章●
生活保護の制度の仕組みは、どのようになっているのですか

Q1 生活保護とは、どんな制度ですか

1 生活保護とは

(1) 生活保護とは、憲法25条1項の「すべて国民は、健康で文化的な最低限度の生活を営む権利を有する」とした「生存権」の規定に基づいて制定された生活保護法によって国が生活に困窮する国民に対して健康で文化的な最低限度の生活を保障する制度をいいます。生存権とは、個人の生存や生活の維持に必要な諸条件の確保を国家に要求することのできる権利をいいます。

(2) 生活保護制度を規定する生活保護法では、その目的を次の通り規定しています。

> 生活保護法第1条（目的）　この法律は、日本国憲法第25条に規定する理念に基き、国が生活に困窮するすべての国民に対し、その困窮の程度に応じ、必要な保護を行い、その最低限度の生活を保障するとともに、その自立を助長することを目的とする。

上記の生活保護法第1条の規定は、憲法の基本的人権（人間であれば誰でも生まれながら当然に持っている基本的な権利）の一つである生存権の保障の理念に基づいて、国家の積極的な関与によって国民の最低限度の生活が保障されるべき権利を規定したものです。更に、生活保護制度では、単に生活困窮者に最低限度の生活を保障するだけではなく、生活困窮者に対して積極的にその自立を助長することとしています。

2 生活保護受給者の増加

(1) 生活保護受給者の人数は、現行の生活保護法の施行された昭和25年の直後の約200万人から減り続けたものの、平成7年の約88万人を底

に増加に転じて、平成30年6月には約210万人になっています。

生活保護受給者の増加の主な原因は、非正規雇用の労働者や年収200万円以下の低賃金労働者の増大その他の所得格差の拡大による貧困層の増加にあります。

(2) 国民が生活に困窮する主な原因には、①老齢により収入がなくなった場合、②傷病による障害で収入がなくなった場合、③一家の働き手が死亡して収入がなくなった場合がありますが、これらの場合には、①老齢年金、②障害年金、③遺族年金の各制度により救済される場合があります。しかし、これらの年金制度に加入していなかった場合や年金額では不足する場合には、最後のセイフティネット（安全網）として生活保護制度による扶助しかありません。

(3) 生活保護は、年金その他の「社会保険」の制度とは異なり、生活に困窮する者に対して必要に応じて公的な一般財源（税金）から支出されることから「公的扶助」といわれます。社会保険の制度には、①年金保険のほか、②医療保険（健康保険）、③雇用保険、④労働者災害補償保険、⑤介護保険の各制度がありますが、いずれも加入者が制度運用の財源として保険料を支払う必要があります。しかし、年金保険や医療保険の保険料さえ貧困のため支払えない者が増加しています。

(4) 生活保護に要する費用は、全額を公費負担とし、国が4分の3を負担し、残りの4分の1は地方自治体（都道府県と市）が負担することとしています。地方自治体の負担分は、町村は都道府県が全額負担、市は市が全額負担としています。

Q2 生活保護法の基本原理とは、どのようなものですか

1 生活保護法の基本原理とは

(1) 生活保護法の基本原理とは、生活保護法第1条から4条に規定している次の4つの基本原理をいいます。
① 国家の責任による最低限度の生活の保障の原理（生活保護法第1条）
② 生活保護請求権の無差別平等の原理（生活保護法第2条）
③ 健康で文化的な最低限度の生活の保障の原理（生活保護法第3条）
④ 保護の補足性の原理（生活保護法第4条）

これらの4つの原理は、生活保護法に規定された基本原理ですから、例外は許されません。この4つの基本原理に違反する法令の解釈や行政処分（例えば、保護申請の却下処分）は違法なものとして無効となり、又は違法な行政処分として裁判所により取り消されることになります。

(2) 生活保護法第5条では、「前4条（1条から4条）に規定するところは、この法律の基本原理であって、この法律の解釈及び運用は、すべてこの原理に基づいてされなければならない」と規定しています。この4つの基本原理に反する生活保護法の解釈や運用は、許されないのです。

2 国家の責任による最低限度の生活の保障の原理（生活保護法第1条）

(1) 生活保護法第1条では、「この法律は、日本国憲法第25条に規定する理念に基き、国が生活に困窮するすべての国民に対し、その困窮の程度に応じ、必要な保護を行い、その最低限度の生活を保障するとともに、その自立を助長することを目的とする」と規定しています。国の義務として、国は、①生活困窮者に必要な保護を行う義務と、②保護を受ける者の将来における自立の助長を図る義務を規定しているのです。

(2) 憲法25条1項は、「すべて国民は、健康で文化的な最低限度の生活を営む権利を有する」として国民の生存権を保障しています。憲法の規定は、「すべて国民は」と規定しており生活保護法でも国籍条項を撤廃していませんから、外国人には生活保護法による受給権はありません。平成26年7月18日の最高裁判決では「外国人は生活保護法の対象ではなく、受給権もない」としています。

(3) 生活保護の開始の要件は次の4要件を満たすことが必要ですが、これらの要件に該当しないものは保護の要件とはなりません。
① 日本国民であること
② 申請権者から生活保護申請がなされたこと、又は急迫した状況にあること
③ 保護を必要とする状態であること
④ 資産、能力その他あらゆるものを活用していること
　従って、親族の扶養義務者による扶養は生活保護の要件ではありません。扶養義務者による扶養のないことが保護の開始の要件とはならないのです（Q2の5の(2)参照）。

3　生活保護請求権の無差別平等の原理（生活保護法第2条）

(1) 生活保護法第2条では、「すべて国民は、この法律の定める要件を満たす限り、この法律による保護を無差別平等に受けることができる」と規定しています。この規定の趣旨は、①国民に生活保護を請求する権利があることと、②この保護請求権は、すべての国民に対して無差別平等に与えられていることを規定したものです。

(2) 「無差別平等」とは、生活保護を必要とする状態に陥った原因（例えば、傷病、災害、失業、世帯主の死亡）のいかんを問わず、性別、信条、人種、社会的身分、家柄、性格などにより優先的又は差別的に取り扱うことは許さないことを意味します。例えば、夫が逮捕され服役したため専業主婦の妻が無収入となった場合は、妻は保護請求権を持つことになります。すべて国民は、無差別平等の保護請求権を有しますから、保護申請者に

素行不良の性格があっても保護の対象となります。

4 健康で文化的な最低限度の生活の保障の原理（生活保護法第3条）

(1) 生活保護法第3条は、「この法律により保障される最低限度の生活は、健康で文化的な生活水準を維持することができるものでなければならない」と規定していますが、ここでいう「健康で文化的な生活水準」とは、憲法25条1項にいう「健康で文化的な最低限度の生活」の水準を意味します。

(2) 「健康で文化的な最低限度の生活」とは、単に動物的な生存を維持するだけの生活を保障すればよいということではなく、国は、「健康で文化的な」生活を保障する憲法上の法的義務があるのです。生存権は、単に最低限度の生活を営む権利を意味するのではなく、「健康で文化的な」生活を追求する権利を意味するのです。

5 保護の補足性の原理（生活保護法第4条）

(1) 生活保護法第4条1項は、「保護は、生活に困窮する者が、その利用し得る資産、能力その他あらゆるものを、その最低限度の生活の維持のために活用することを要件として行われる」としています。生活保護は、資産、能力その他あらゆる手段を活用した後の補足とされますから、これを「保護の補足性の原理」といいます。

(2) 生活保護法第4条2項は、「民法に定める扶養義務者の扶養及び他の法律に定める扶助は、すべてこの法律による保護に優先して行われるものとする」としています。生活保護は、民法に定める扶養義務者の扶養や他の法律（例えば、身体障害者福祉法、児童福祉法、老人福祉法）に定める扶助が受けられない場合に限って、補足的に行われるとしています。しかし、生活保護法は、親族から扶養を受けられないことを保護開始の要件とはしていません。

民法に定める扶養義務には、次の4種類がありますが、①②の扶養義務は、相手方に対して自分の生活と同程度の生活を確保する義務（生活

保持義務）とされていますが、③④の扶養義務は、扶養者の生活に余裕がある場合に余裕の限度で困窮者を扶養する義務（生活扶助義務）とされています。
① 夫婦間の扶養義務
② 親権者の未成年者の子に対する扶養義務
③ 直系血族（例えば、父母、祖父母、子、孫）、兄弟姉妹の相互の扶養義務
④ 特別の事情のある場合の３親等内の親族（おじ、おばまでの親族）間の扶養義務

　いずれの場合も扶養を強制する場合は裁判所の手続が必要になりますが、生活保護法第24条８項は、保護の実施機関（福祉事務所長）は、保護の開始の決定に際して扶養義務を履行していないと認められる場合には、扶養義務者に対して書面で一定事項を通知することとしています。しかし、生活保護法は、扶養義務者から扶養を受けられないことを保護開始の要件とはしていません。

(2)　生活保護法第４条３項は、「前２項の規定は、急迫した事由がある場合に、必要な保護を行うことを妨げるものではない」としていますが、急迫の場合には保護の実施機関は、補足性の原理にかかわらずに必要な保護を行うことができるとしています。

Q3 生活保護の4原則とは、どのようなものですか

1 生活保護の4原則とは
(1) 生活保護の4原則とは、生活保護法第7条から10条に規定している次の4つの生活保護制度の運用上の原則をいいます。
① 申請による保護開始の原則（生活保護法第7条）
② 基準及び程度の原則（生活保護法第8条）
③ 必要即応の原則（生活保護法第9条）
④ 世帯単位の原則（生活保護法第10条）

(2) 以上の生活保護制度の運用上の4原則は、Q2で述べた生活保護法の基本原理と同様に、この4つの原則に従って生活保護制度が運用される必要があります。しかし、基本原理に反する生活保護法の解釈や運用が許されないのとは異なり、この4原則には例外が許される場合があります。

2 申請による保護開始の原則（生活保護法第7条）
(1) 生活保護法第7条は、「保護は、要保護者、その扶養義務者又はその他の同居の親族の申請に基づいて開始するものとする。但し、要保護者が急迫した状況にあるときは、保護の申請がなくても、必要な保護を行うことができる」としています。要保護者とは、保護を必要とする状態にある者をいいます。

(2) 保護の開始は、申請によることを原則としていますが、要保護者が急迫した（せっぱつまった）状況にある場合は、生命や身体に危険を生ずることとなるので、保護の申請がなくても、保護の実施機関（知事や市町村長）は、急迫した事由の止むまでは、職権で必要な保護を行います（生

活保護法第19条)。申請によらない職権保護の開始は、実際には、民生委員や近所の人が最寄りの福祉事務所長に通報する場合が多いのです。

　申請権者の範囲は、①要保護者（保護を必要とする状態にある者）本人、②要保護者の扶養義務者又は③その他の同居の親族とされています。

(3)　保護の実施機関は、①都道府県知事、②市長、③福祉事務所を管理する町村長とされていますが、都道府県と市には「福祉事務所」の設置義務があり、実際には、福祉事務所長に知事や市長の権限が委任されています。福祉事務所を管理しない町村の事務は都道府県が行います。

3　基準及び程度の原則（生活保護法第8条）

(1)　生活保護法第8条1項は、「保護は、厚生労働大臣の定める基準により測定した要保護者の需要を基とし、そのうち、その者の金銭又は物品で満たすことのできない不足分を補う程度において行うものとする」としています。生活保護は、「その者の金銭又は物品で満たすことのできない不足分を補う程度において行うもの」とされていますから、例えば、その者の収入（例えば、賃金、年金収入、親族による援助）が国の基準による最低生活費に満たない場合に保護が適用されます。つまり、実際に支給される保護費は、「最低生活費－その者の収入」となります。その者の収入が最低生活費を下回る場合に、その不足分が保護費として支給されるのです。

(2)　生活保護法第8条2項は、「前項（8条1項）の基準は、要保護者の年齢別、性別、世帯構成別、所在地域別その他保護の種類に応じて必要な事情を考慮した最低限度の生活の需要を満たすに十分なものであって、且つ、これをこえないものでなければならない」としています。保護の基準と程度は、「最低限度の生活の需要を満たすに十分なものであって、且つ、これをこえないものでなければならない」としているのです。

4　必要即応の原則（生活保護法第9条）

(1)　生活保護法第9条は、「保護は、要保護者の年齢別、性別、健康状態

等その個人又は世帯の実際の必要の相違を考慮して、有効且つ適切に行うものとする」としています。この原則を「必要即応の原則」といいますが、保護の種類・程度・方法は、①要保護者の実際の必要の相違を考慮すること、②保護の基準は、要保護者の年齢別、性別、健康状態等その個人又は世帯に即応して有効かつ適切に行うことを規定しています。

(2) この原則は、生活保護法第2条の「無差別平等の基本原理」をそのまま当てはめた場合の弊害を除去するために規定されたものです。無差別平等の基本原理は、生活保護を受ける機会の均等を保障したものであって、実際の保護の運用では、保護の内容や方法は要保護者の個々の実情に即して決定される必要があるからです。

5　世帯単位の原則（生活保護法第10条）

(1) 生活保護法第10条は、「保護は、世帯を単位としてその要否及び程度を定めるものとする。但し、これによりがたいときは、個人を単位として定めることができる」としています。この「世帯単位の原則」は、①保護の要否と程度は世帯を単位として定めること、②世帯単位の取り扱いが適当でない場合は個人単位で取り扱うことができることを定めています。

(2) この場合の世帯の認定については、「同一の住居に居住し、生計を一にしている者は、原則として、同一世帯員として認定すること。なお、居住を一にしていない場合であっても、同一世帯として認定することが適当であるときは、同様とすること」とされています（厚生労働省通知）。「世帯単位の原則」は、保護の要否や程度を決定する場合には、その要保護者の属する世帯全体の経済状況や必要性を考慮することが妥当であるとの考え方によるものです。例えば、2人世帯では単身世帯の2倍の生活費はかからないとの考え方によるものです。

(3) 世帯単位の原則によりがたい場合は、例外的に個人を単位として保護の要否や程度を定めることができますが、この場合を「世帯分離」とい

います。例えば、①要保護者が扶養義務のない者と同居を開始した場合は、要保護者だけを世帯分離して保護する場合、②老夫婦の一方の妻が障害により介護老人福祉施設に入所する場合は、入所者だけを単身世帯として世帯分離して保護する場合があります。

Q4 生活保護の種類と内容は、どのようになっていますか

1 生活保護の種類と保護の方法

(1) 生活保護の種類には、生活保護法第12条から18条に規定する次の8種類があります。実際の扶助は、要保護者（保護を必要とする状態にある者）の必要に応じて、次の8種類の中のいずれか一つ（単給）又は二つ以上（併給）が行われます。

① 生活扶助（生活保護法第12条）　　　食費、衣類、光熱費のような費用
② 教育扶助（生活保護法第13条）　　　義務教育に必要な費用
③ 住宅扶助（生活保護法第14条）　　　家賃や修繕費のような費用
④ 医療扶助（生活保護法第15条）　　　病気やけがの治療の費用
⑤ 介護扶助（生活保護法第15条の2）　介護に必要な費用
⑥ 出産扶助（生活保護法第16条）　　　出産のための費用
⑦ 生業扶助（生活保護法第17条）　　　職業に必要な技能の修得などの費用
⑧ 葬祭扶助（生活保護法第18条）　　　葬儀のための費用

いずれの扶助も、困窮のため最低限度の生活を維持することのできない者に対して、生活保護法に規定する事項の範囲内において行われます。

(2) 上記の8種類の扶助の中の医療扶助と介護扶助以外の扶助については、金銭給付（金銭扶助）を原則としています。ただし、金銭給付によることができない場合、適当でない場合又は保護の目的を達するために必要がある場合は、現物給付（金銭給付以外の給付）によって行います。例えば、生活扶助で寝具の現物給付をする場合もあります。

医療扶助と介護扶助については、現物給付を原則としています。ただし、現物給付によることができない場合、適当でない場合又は保護の目的を達するために必要がある場合は、金銭給付によって行います。例え

ば、通院の交通費のような現物給付のできない場合は金銭給付によります。

(3) 保護の方法には、上記の8種類の扶助のほかに、次の①救護施設、②更生施設、③医療保護施設、④授産施設、⑤宿所提供施設のいずれかの「保護施設」に入所させて行う入所保護があります（生活保護法第38条）。保護施設を設置することができるのは、都道府県、市町村、地方独立行政法人、社会福祉法人、日本赤十字社に限られます。
　① 救護施設とは、身体上又は精神上著しい障害があるために日常生活を営むことが困難な要保護者を入所させて生活扶助を行うことを目的とする施設をいいます。
　② 更生施設とは、身体上又は精神上の理由により養護及び生活指導を必要とする要保護者を入所させて生活扶助を行うことを目的とする施設をいいます。
　③ 医療保護施設とは、医療を必要とする要保護者に対して医療の給付を行うことを目的とする施設をいいます。
　④ 授産施設とは、身体上若しくは精神上の理由又は世帯の事情により就業能力の限られている要保護者に対して就労又は技能の修得のために必要な機会及び便宜を与えて、その自立を助長することを目的とする施設をいいます。
　⑤ 宿所提供施設とは、住居のない要保護者の世帯に対して住宅扶助を行うことを目的とする施設をいいます。

2　生活保護の主な内容（詳細は第3章）

(1) 生活扶助は、次に掲げる事項の範囲内において行われます（生活保護法第12条）。
　① 衣食その他日常生活の需要を満たすために必要なもの
　② 移送（例えば、要保護者を保護施設などに入所させるための輸送費）

(2) 教育扶助は、次に掲げる事項の範囲内において行われます（生活保護法第13条）。

① 義務教育に伴って必要な教科書その他の学用品
② 義務教育に伴って必要な通学用品
③ 学校給食その他義務教育に伴って必要なもの
　教育扶助は、義務教育の費用に限られていますから、高校の就学費用は生業扶助の技能修得費用として支給されます。

(3) 住宅扶助は、次に掲げる事項の範囲内において行われます（生活保護法第14条）。
① 住居
② 補修その他住宅の維持のために必要なもの

(4) 医療扶助は、次に掲げる事項の範囲内において行われます（生活保護法第15条）。
① 診察
② 薬剤又は治療材料
③ 医学的処置、手術及びその他の治療並びに施術
④ 居宅における療養上の管理及びその療養に伴う世話その他の看護
⑤ 病院又は診療所への入院及びその療養に伴う世話その他の看護
⑥ 移送（入院や通院のための移動費用）

(5) 介護扶助は、次に掲げる事項の範囲内において行われます（生活保護法第15条の2）。
① 居宅介護（居宅介護支援計画に基づいて行うものに限ります）
② 福祉用具
③ 住宅改修
④ 施設介護
⑤ 介護予防（介護予防支援計画に基づいて行うものに限ります）
⑥ 介護予防福祉用具
⑦ 介護予防住宅改修
⑧ 移送（施設その他への移動）

(6) 出産扶助は、次に掲げる事項の範囲内において行われます（生活保護法第16条）。
　① 分べんの介助
　② 分べん前及び分べん後の処置
　③ 脱脂綿、ガーゼその他の衛生材料

(7) 生業扶助は、次に掲げる事項の範囲内において行われます。ただし、これによって、その者の収入を増加させ、又はその自立を助長することのできる見込みのある場合に限られます（生活保護法第17条）。
　① 生業に必要な資金、器具又は資料
　② 生業に必要な技能の修得（高校就学、専門学校の費用も含まれます）
　③ 就労のために必要なもの（就職の支度に必要な洋服、靴その他の費用）

(8) 葬祭扶助は、次に掲げる事項の範囲内において行われます（生活保護法第18条）。葬儀を行う者が要保護者の場合に支給されます。
　① 検案（診療をしていない者の死亡を医師が確認すること）
　② 死体の運搬
　③ 火葬又は埋葬
　④ 納骨その他葬祭のために必要なもの
　しかし、次に掲げる場合において、その葬祭を行う者がある場合には、その者（例えば、近所の人）に対して葬祭扶助が行われます。
　　(a) 被保護者（現に保護を受けている者）が死亡した場合に、その者の葬祭を行う扶養義務者がいない場合
　　(b) 死者に対しその葬祭を行う扶養義務者がいない場合において、その遺留した金品で、葬祭を行うに必要な費用を満たすことができない場合

Q5 生活保護の保護基準は、どのようになっていますか

1 生活保護の保護基準とは
(1) 生活保護の保護基準とは、保護の要否を判断するための基準であり、かつ、保護の程度を決定するための基準をいいます。生活保護法の保護基準について生活保護法は次の通り規定しています。

> 生活保護法第8条1項　保護は、厚生労働大臣の定める基準により測定した要保護者の需要を基とし、そのうち、その者の金銭又は物品で満たすことのできない不足分を補う程度において行うものとする。

　この場合の「要保護者の需要」とは、要保護者（保護を必要とする状態にある者）が「健康で文化的な最低限度の生活」を営むのに必要なものをいいます。「健康で文化的な最低限度の生活」を営むのに必要なものの具体的基準は、厚生労働大臣が定めてその内容は官報に掲載されます。しかし、実際の最低生活費の計算は、厚生労働省の告示（生活保護法による保護の基準）・事務次官通知・局長通知・課長通知、問答集、要領、手引その他の膨大な資料によって計算されますから、保護申請をしようとする者が保護基準の全部を知ることは困難ですので、本書に述べた手続を参考にして、先ず生活保護申請書を提出することが大切です。

　厚生労働省の告示の「生活保護法による保護の基準」として具体的な支給金額が告示されていますが、毎年のように変更になっています。本書では平成30年4月現在の金額を示していますが、既に決定している事項では今後3年間で生活保護費全体として支給額を段階的に引き下げて国費分で年160億円の削減をする旨が公表されています。

　生活保護費は、「国の基準による最低生活費－世帯全体の収入」により計算されます。生活保護費（最低生活費に不足する部分）は、要保護者

の属する世帯の１カ月分の最低生活費から世帯全員の収入を差し引いた金額となります。この収入が、最低生活費を上回る場合には生活保護は受けられません。

(2) 保護基準は、８種類の保護の種類ごとに一般的な基準が示されていますが、特別の事由によって一般的な基準で対応することができない場合には厚生労働大臣が特別の基準を定めることとしています。保護基準の設定に際しては生活保護法は次の通り規定しています。

> 生活保護法第８条２項　　前項（８条１項）の基準は、要保護者の年齢別、性別、世帯構成別、所在地域別その他保護の種類に応じて必要な事情を考慮した最低限度の生活の需要を満たすに十分なものであって、且つ、これをこえないものでなければならない。

上記により設定された保護基準は、住所地の自治体（都道府県と市）の生活保護担当課で閲覧することができますが、閲覧をさせない場合は、各自治体の情報公開条例によって開示請求をすることができます。ただ、閲覧すべき資料が大量にありますから、先ず、本書によって概要を知った後に情報公開請求をするのが便利です。

(3) 生活保護法の８種類の扶助のうち生活扶助、住宅扶助、葬祭扶助には、全国の市町村を次の通り６区分して支給額に差をつける「級地制」を採用しています。級地制とは、地域ごとの物価の差や生活様式の差を理由に６区分にして扶助額に差をつける制度です。級地制では、おおむね、１級地は大都市とその周辺、２級地は県庁所在地のような中都市、３級地はその他の市町村となっています（付録７参照）。

1級地―1	例えば、東京都の区部、横浜市、大阪市、名古屋市、京都市、神戸市
1級地―2	例えば、札幌市、仙台市、千葉市、大津市、広島市、岡山市、福岡市
2級地―1	例えば、函館市、青森市、新潟市、富山市、奈良市、高松市、那覇市

2級地―2	例えば、夕張市、日立市、富士市、玉野市、尾道市、宇部市、荒尾市
3級地―1	例えば、北見市、弘前市、宮古市、石巻市、米子市、丸亀市、今治市
3級地―2	上記の5区分以外の市町村

2　生活保護の保護基準の実際（詳細は第3章参照）

(1)　生活扶助は、8種類の扶助の中の最も基本的な扶助であって、①衣食その他日常生活の需要を満たすものと②移送（要保護者の移動費用で通院交通費は除かれます）を内容としますが、次の合計額で計算されます。

① 　第1類の費用（個人単位の経費で、例えば、食費、衣服費）

② 　第2類の費用（世帯単位の経費で、例えば、光熱費、家具費用、冬季加算）

③ 　各種の加算（例えば、妊産婦加算、障害者加算、在宅患者加算、児童養育加算）

(2)　教育扶助は、義務教育に伴って必要な教科書その他の学用品、通学用品、学校給食その他の義務教育に伴って必要なものの扶助であって、高校の就学費用については教育扶助ではなく、生業扶助として支給されます。

(3)　住宅扶助は、家賃、地代、住宅の補修その他の住宅の維持のために必要なものの扶助であって、住宅の補修費用は被保護者の所有住宅に対してしか支給されません。賃貸住宅の補修費用は、一般的には貸主に負担する義務があるからです。

(4)　医療扶助では、指定医療機関の診療方針や診療報酬は、国民健康保険の診療方針や診療報酬の例によります。通院する指定医療機関の選定は福祉事務所長の権限とされていますが、被保護者の希望は尊重される必要があります。

(5) 介護扶助では、要介護者に対する居宅介護その他の介護扶助は介護保険の例によりますから、基本的には介護保険の給付サービスと同様になります。65歳以上の者は介護保険に加入しながら生活保護を利用できますから、介護保険の自己負担分について介護扶助が現物給付されます。生活保護法の保護の補足性の原理（他の法律による保護が優先する原理）から介護保険の適用が優先し自己負担分が扶助の対象となります。

(6) 出産扶助では、一般に被保護者の出産は児童福祉法の入院助産制度が利用されますから、衛生材料費が出産扶助により支給されます。帝王切開や人工妊娠中絶の費用は、一般に医療扶助の対象となります。

(7) 生業扶助では、生業に必要な資金・器具・資料、技能の修得、就労のため必要なものが扶助の対象となりますが、高等学校の就学費用（例えば、授業料、入学金、教材費、通学交通費）も生業扶助の対象となります。授業料や入学金は公立高校の基準額により支給されます。中学や高校を卒業して就職する場合には、スーツや靴の購入費用が就職支度費として支給されます。

(8) 葬祭扶助は、検案、死体の運搬、火葬又は埋葬、納骨その他葬祭のために必要なものが対象となりますが、葬祭執行者に対して支給されます。被保護者である扶養義務者が葬祭を執行した場合は、葬祭扶助が支給されますが、扶養義務者以外の者（例えば、民生委員）が葬祭執行者となった場合は、その者の申請により葬祭扶助が支給されます。扶養義務者には葬祭を執行する義務はないので、その場合には民生委員その他の者が葬祭執行者となる場合があります。

Q6 保護申請の窓口の福祉事務所は、どのようになっていますか

1 福祉事務所とは

(1) 福祉事務所とは、社会福祉法14条の規定により都道府県と市（東京都23区の特別区を含みます）に設置が義務づけられている「福祉に関する事務所」をいいます。都道府県と市は、条例で、福祉事務所を設置する必要がありますが、町村は、条例で、その区域を所管区域とする福祉事務所を設置することができます。町村は、必要がある場合には、地方自治法の規定による一部事務組合又は広域連合を設けて福祉事務所を設置することができます（社会福祉法14条1項・3項・4項）。この「福祉に関する事務所」の名称は、通常は、「○市福祉事務所」といった名称が多いのですが、自治体によっては「保健福祉事務所」その他の名称にしている場合があります。

(2) 福祉事務所を設置した目的は、①生活保護法、②児童福祉法、③母子及び父子並びに寡婦福祉法、④老人福祉法、⑤身体障害者福祉法、⑥知的障害者福祉法に定める援護、育成又は更生の公務を社会福祉主事を置いて効率的・合理的に実施することにあります。福祉事務所の所管する事務は、次の通り都道府県と市町村（特別区を含みます）とで異なっています（社会福祉法14条5項・6項）。

  A 都道府県の設置する福祉事務所は、①生活保護法、②児童福祉法、③母子及び父子並びに寡婦福祉法に定める援護や育成の措置に関する事務を行います。

  B 市町村（特別区を含みます）の設置する福祉事務所は、①生活保護法、②児童福祉法、③母子及び父子並びに寡婦福祉法、④老人福祉法、⑤身体障害者福祉法、⑥知的障害者福祉法に定める援護、育成又は更生の措置に関する事務を行います。

(3) 生活保護法は、保護を決定し実施する機関（保護の実施機関）として次の4種類を規定しています（生活保護法第19条1項・4項）。
① 都道府県知事
② 市長
③ 福祉事務所を管理する町村長
④ 上記の者から委任を受けた福祉事務所長

　上記の4種類の保護の実施機関の中の④が大部分の事務を処理しています。この場合の委任は、民法の委任とは異なり、受任者（委任を受けた者）には委任者（委任をした者）の職務権限が移転しますから、福祉事務所長には、自己の責任で委任された事務を執行する義務があります。

(4) 福祉事務所には、福祉事務所長のほか、次の所員を置く必要があります（社会福祉法15条1項）。
① 指導監督を行う所員（社会福祉主事）（いわゆる査察指導員）
② 現業を行う所員（社会福祉主事）（いわゆるケースワーカー）
③ 事務を行う所員

　ただ、福祉事務所長が、その職務の遂行に支障がない場合に自ら現業事務の指導監督を行う場合には①の指導監督を行う所員を置く必要はありません。

　(a) 福祉事務所長は、都道府県知事又は市町村長（特別区の区長を含みます）の指揮監督を受けて公務を執行します（社会福祉法15条2項）。
　(b) 指導監督を行う所員は、福祉事務所長の指揮監督を受けて現業事務の指導監督を行います（社会福祉法15条3項）。
　(c) 現業を行う所員（いわゆるケースワーカー）は、福祉事務所長の指揮監督を受けて、援護、育成又は更生の措置を要する者等の家庭を訪問し、又は訪問しないで、これらの者に面接し、本人の資産、環境等を調査し、保護その他の措置の必要の有無及びその種類を判断し、本人に対し生活指導を行う等の事務を行います（社会福祉法15条4項）。
　(d) 事務を行う所員は、福祉事務所長の指揮監督を受けて、福祉事務

所の庶務（例えば、保護費の給付事務、文書管理）を行います（社会福祉法15条5項）。

(5)　上記の「指導監督を行う所員」と「現業を行う所員」は、社会福祉主事でなければならないとされています（社会福祉法15条6項）。社会福祉主事とは、社会福祉法18条により都道府県、市、福祉事務所を設置する町村に置くこととされている公務員をいいます。社会福祉主事は、都道府県知事又は市町村長の補助機関の職員とし、年齢20年以上の者であって、人格が高潔で、思慮が円熟し、社会福祉の増進に熱意があり、かつ、次のいずれかに該当する者の中から任用する必要があります（社会福祉法19条1項）。
① 　大学等で厚生労働大臣の指定する社会福祉に関する科目を修めて卒業した者
② 　都道府県知事の指定する養成機関や講習会の課程を修了した者
③ 　社会福祉士
④ 　厚生労働大臣の指定する社会福祉事業従事者試験に合格した者
⑤ 　上記の者と同等以上の能力を有すると認められる者として省令で定める者

2　生活保護の実施体制

(1)　要保護者（保護を必要とする状態にある者）に対して保護を決定し実施する責任のある行政機関を保護の実施機関といいます。保護の実施機関には、上述したとおり、①都道府県知事、②市長、③福祉事務所を管理する町村長、④これらの者から委任を受けた福祉事務所長の4種類の保護の実施機関がありますが、実際には、④が大部分の事務を処理しています。

(2)　保護の実施機関は、次の者に対して生活保護法の規定により保護を決定し実施する必要があります（生活保護法第19条1項）。
① 　その管理に属する福祉事務所の所管区域内に居住地を有する要保護者

②　居住地がないか、又は明らかでない要保護者であって、その管理に属する福祉事務所の所管区域内に現在地を有するもの

　しかし、居住地が明らかである要保護者であっても、その者が急迫した状況にある場合は、その急迫した事由が止むまでは、その者に対する保護は、その者の現在地を所管する福祉事務所を管理する都道府県知事又は市町村長が行うものとしています（生活保護法第19条2項）。要保護者が急迫した状況にある場合は、申請による保護の開始の原則の例外として、保護の実施機関は、職権をもって保護の種類・程度・方法を決定し保護を開始する必要があります（生活保護法第25条1項）。

(3)　被保護者（現に保護を受けている者）を救護施設、更生施設若しくはその他の適当な施設に入所させ、若しくはこれらの施設に入所を委託し、若しくは私人の家庭に養護を委託した場合又は介護扶助を介護老人福祉施設に委託して行う場合には、その入所や委託の継続中、その者に対して保護を行うべき者は、その者の入所又は委託前の居住地又は現在地によって定めます（生活保護法第19条3項）。

(4)　民生委員は、生活保護法の施行について、市町村長、福祉事務所長又は社会福祉主事の事務の執行に協力するものとされています（生活保護法第22条）。民生委員の任務は、社会奉仕の精神をもって常に住民の立場に立って相談に応じ、必要な援助を行い、社会福祉の増進に努めるものとされています。民生委員は、都道府県知事の推薦によって厚生労働大臣が委嘱することとしています。任期は3年で報酬はありません（民生委員法1条・5条・10条）。

(5)　生活保護の事務は、かつては国の事務として自治体の執行機関に事務を委任した機関委任事務とされていましたが、現在は、地方自治法2条9項1号に規定する法定受託事務（国が本来果たすべき役割のある事務のうち自治体が法令により委託している事務）として自治体の事務とされています。しかし、各大臣は、特に必要があると認める場合は、市町村の法定受託事務の処理について、市町村が法定受託事務を処理するに当たりよ

るべき基準を定めることができるとする地方自治法245条の9の規定により大量の「よるべき基準」の通知文書が厚生労働省から各自治体に配布されています。更に、地方自治法245条の4では、各大臣は、自治体の事務の運営その他の事項について適切と認める技術的な助言や勧告をすることができるとしています。実際の保護の開始や変更の実務は、厚生労働省告示、厚生労働省事務次官通知、社会援護局長通知、保護課長通知のような多数の通知によって運用されています。

第 2 章●
生活保護を申請する手続は、どのようにするのですか

Q7 生活保護を申請する際の手続は、どのようにするのですか

1 生活保護の申請主義とその例外

(1) 生活保護法第7条は、「保護は、要保護者、その扶養義務者又はその他の同居の親族の申請に基いて開始するものとする。但し、要保護者が急迫した状況にあるときは、保護の申請がなくても、必要な保護を行うことができる」として申請主義の原則とその例外を規定しています。生活保護は申請主義を原則としていますから、生活保護申請書は、要保護者(保護を必要とする状態にある者)の居住地(住民票所在地又は実際に生活している場所)の自治体の福祉事務所長(保護の実施機関)あてに提出します。居住地を有しない場合や居住地が明らかでない場合(例えば、ホームレス状態の場合)は、現在地(現に所在している場所)の福祉事務所長あてに提出します。申請書の用紙や添付書類の用紙は、福祉事務所の窓口で無償で交付を受けられます。

(2) 生活保護の申請をすることかできる者(申請権者)は、次の通りとされています。
① 要保護者(保護を必要とする状態にある者)本人
② 要保護者の扶養義務者
③ その他の同居の親族

　生活保護法での扶養義務者の範囲も民法の規定する範囲と変わらず次の通りです。
① 夫婦間の扶養義務(生活保持義務)
② 親権者の未成年者の子に対する扶養義務(生活保持義務)
③ 直系血族(例えば、父母、祖父母、子、孫)、兄弟姉妹の相互の扶養義務
④ 特別の事情のある場合の3親等内の親族(おじ、おばまでの親族)間

の扶養義務

　この④の３親等内の親族は、家庭裁判所の審判により、特別の事情があって扶養能力があると推測される場合に限られます（民法877条２項）。

　民法に定める扶養義務者の扶養は生活保護に優先して行われますが（生活保護法第４条２項）、扶養義務者の扶養が受けられないことは保護開始の要件ではありません。

　保護の実施機関（福祉事務所長）は、保護の開始の決定に際して扶養義務を履行していないと認める扶養義務者に対して(a)申請者の氏名と(b)申請のあった日の通知をすることとしています。しかし、一律に通知をするのではなく、保護の実施機関（福祉事務所長）が、次のいずれにも該当すると認めた場合に限られます（生活保護法施行規則２条）。

① 扶養義務者に対して費用の徴収を行う蓋然性が高いと認めた場合
② 配偶者から法律に規定する暴力を受けているものでないと認めた場合
③ 通知により申請者の自立に重大な支障を及ぼすおそれがないと認めた場合

　更に、保護の実施機関は、保護の決定や費用徴収等のため必要があると認める場合は、扶養義務者が扶養義務を履行せず、上記①②③のいずれにも該当する場合には、扶養義務者に報告を求めることができます（生活保護法施行規則３条）。

(3)　申請主義の例外として、要保護者が、急迫した状況にある場合には、保護の申請がなくても、必要な保護を行うことができるとしています（生活保護法第７条但書）。職権（職務上の権限）による保護の開始について、生活保護法第25条１項は、「保護の実施機関は、要保護者が急迫した状況にあるときは、すみやかに、職権をもって保護の種類、程度及び方法を決定し、保護を開始しなければならない」としています。

(4)　民生委員や近隣住民のような申請権者でない者から要保護者の存在について福祉事務所に通報があった場合は、福祉事務所長は、要保護者に保護の申請を促したり、本人が申請をすることができない急迫した状況

にある場合は、福祉事務所長の職権で保護を開始する必要があります。福祉事務所の公務員が必要な保護を怠り要保護者を餓死させたり衰弱死させた場合は、状況によっては保護責任者遺棄罪（刑法218条）の責任を問われる場合があります。

2 生活保護申請書の提出

(1) 生活保護申請に必要な用紙は福祉事務所に備え付けていますから、いつでも無料で交付を受けられます。しかし、福祉事務所の公務員が必要な用紙を交付しない場合は、その自治体の情報公開条例を活用して申請に必要な用紙や知りたい内容を記載した文書の公開請求をして入手することもできますが、文書が開示されるまでに約半月程度の時間と1枚10円のコピー料金の支払いを必要とします。市や都道府県では、「○市（○県）生活保護法施行細則」のような名称の規則を制定し、各用紙の様式を自治体の規則集（例規集）に登載していますから、情報公開条例担当課で必要な用紙を1枚10円でコピーをして貰います。

　生活保護法第24条1項は、「保護の開始を申請する者は、厚生労働省令で定めるところにより、次に掲げる事項を記載した申請書を保護の実施機関に提出しなければならない。ただし、当該申請書を作成することができない特別の事情があるときは、この限りでない。

一　要保護者の氏名及び住所又は居所
二　申請者が要保護者と異なるときは、申請者の氏名及び住所又は居所並びに要保護者との関係
三　保護を受けようとする理由
四　要保護者の資産及び収入の状況（生業若しくは就労又は求職活動の状況、扶養義務者の扶養の状況及び他の法律に定める扶助の状況を含む。）
五　その他要保護者の保護の要否、種類、程度及び方法を決定するために必要な事項として厚生労働省令で定める事項」

　これらの事項は、申請書用紙や添付書類の各記入欄に記入します。福祉事務所の公務員が必要な申請書用紙その他の用紙を交付しない場合は、「特別の事情」に該当しますから、生活保護申請は要式行為（書面の提出のような行為が効力の発生要件とされる行為）ではありませんので、口頭に

よる申請でも有効ですが、申請の有無が争われた場合に備えて、上記の一から四の事項を記載した「生活保護申請書」を作成して居住地の福祉事務所長あてに郵送します。この場合の申請書は、福祉事務所長に到達した時点で申請の法的効果を生じ申請の審査を開始する義務が生じます（行政手続法7条）。

(2) 申請書用紙の交付を拒否された場合の申請書の書式は決まっていませんが、次の記載例があります。Ａ4サイズの用紙に横書きにします。ただ、可能な限り、提出先の自治体の作成した様式の用紙を使用します。生活保護は、世帯を単位として保護の要否や程度を定めることを原則としていますから（世帯単位の原則）、保護を受ける要保護者全員について記載する必要があります（生活保護法第10条）。

(記載例)

生活保護申請書

平成○年○月○日

○○市福祉事務所長　殿

　　　　　　申請者　（住所）○県○市○町○丁目○番○号

　　　　　　　　　　（氏名）　　Ａ○○○○　　　　（印）

　　　　　　　　　　保護を受けようとする者との関係　本人

下記の通り生活保護法による保護の申請をする。

記

1　要保護者の氏名、性別、生年月日、住所、職業、申請者との関係

　①　Ａ○○○○、男、昭和11年4月8日生、住所は上記の通り、無職、申請者本人

　②　Ｂ○○○○、女、昭和12年9月5日生、住所は上記の通り、無職、申請者の妻

2　保護を受けようとする理由

　①　申請者本人Ａと妻Ｂは、2人の老齢基礎年金月額合計○万○千円

と申請者の大工仕事の収入で生活をしてきたが、申請者Aは、本年○月○日に骨粗鬆症による腰椎圧迫骨折及びくも膜下出血により入院し、現在、治療を継続している。
　② 申請者の妻Bは、現在、要介護3の認定を受けているが、認知症の症状が進んで自宅での生活がほぼ不可能となったので、介護老人保健施設又は介護老人福祉施設への入所が必要となった。
　③ 以上の状況によって各種の扶助を必要とする。
3　要保護者の資産及び収入
　① 要保護者のABとも不動産は所有しておらず、自宅はAの契約した借家アパートである。A名義の申請日現在の現金は約○万円、預金は約○万円であり、ABとも有価証券や自動車は保有していない。ABとも生命保険・損害保険には加入していない。
　② 要保護者ABの収入は上記2の①記載の通りである。要保護者ABに対する扶養義務者は存在しない。ABとも仕送りによる収入はない。

　　　　　　　　　　　　　　　　　　　　　　　　　　　　以上

（説明）
　① 生活保護申請行為は、上記の通り要式行為（法令に規定する方式に従わない場合は不成立又は無効とされる行為）ではありませんから、添付を必要とする書類についても福祉事務所長の決定までに可能な範囲で提出すれば足ります。添付を必要とする書類を添付しなかった場合は、申請書の到達後に申請者に通知されます。
　② 福祉事務所長（行政庁）は、申請をしようとする者又は申請者の求めに応じ、申請書の記載及び添付書類に関する事項その他の申請に必要な情報の提供に努める必要があります（行政手続法9条2項）。
　③ 申請に対する保護の要否その他の決定内容の通知は、申請のあった日から14日以内に通知することとされていますが、扶養義務者の資産や収入の状況の調査に日時を要する場合その他の特別の理由がある場合は30日間まで延長することができます（生活保護法第24条5項）。30日以内に通知のない場合は、申請者は、保護の実施機関が申請を

却下（申請自体を不適法とした門前払いのこと）したものとみなすことができます（生活保護法第24条7項）。却下された申請に対しては、却下理由を補正して再度の申請をすることができます。却下の処分に対しては処分があったことを知った日の翌日から起算して3カ月以内に不服申立（審査請求）もできますが（行政不服審査法18条1項本文）、審査に時間がかかりますから、不服申立をした場合でも、再度の申請をするのが得策です。

(3)　生活保護法第24条2項は、「前項の申請書には、要保護者の保護の要否、種類、程度及び方法を決定するために必要な書類として厚生労働省令で定める書類を添付しなければならない。ただし、当該書類を添付することができない特別の事情があるときは、この限りでない。」と規定していますが、福祉事務所の公務員が必要な用紙の交付を拒否した場合は「特別の事情」に該当しますから、この場合の添付書類は、後日、用紙が交付された後、福祉事務所長の決定までの間に可能な範囲で提出すれば足ります。

(4)　生活保護法第24条3項は、「保護の実施機関は、保護の開始の申請があったときは、保護の要否、種類、程度及び方法を決定し、申請者に対して書面をもって、これを通知しなければならない」とし、同法24条4項は、「前項の書面には、決定の理由を付さなければならない。」としています。この決定の通知は、特別の理由のない限り申精のあった日から14日以内にする必要があります（生活保護法第24条5項）。

(5)　いわゆる水際作戦として、福祉事務所の公務員が、その職権を濫用して、生活保護申請書用紙その他の必要な用紙を交付せずに申請者の権利の行使を妨害した場合は、公務員職権濫用罪（刑法193条）が成立しますから、申請書その他の必要な用紙の交付を強く要求します。また、公務員が違法に必要な用紙を交付しなかった場合は、後日、国家賠償法によってその公務員の属する自治体を被告として国家賠償（損害賠償）請求訴訟を提起することもできます。

福祉事務所の公務員が申請書用紙その他の必要な用紙の交付を拒否した場合は、住所地の自治体（市と都道府県）の情報公開条例を活用して必要な用紙その他の知りたい事項を記載した行政文書を入手することが可能です。情報公開請求の仕方は、自治体の情報公開条例担当課（例えば、総務課）で①情報公開条例1部と②情報公開請求書用紙10枚程度の無料交付を受けます。公開請求書の公開対象文書の書き方は決まっていませんが、どんな内容が記載された文書であるかが分かるよう次例のように記載した文書を別紙として添付します（公開請求の仕方の詳細は、本書の著者による緑風出版発行の「ひとりでできる行政監視マニュアル」25頁以下参照）。

（公開請求書の「別紙」の記載例）

（別紙）
1　各種の生活保護（8種類の扶助）の申請に使用している申請書用紙及び各種申請書に添付する各種の記入用紙・添付書類用紙の全部
2　各種の生活保護の申請に際して実施する①訪問調査、②扶養義務者の調査、③金融機関等への照会、④検診命令、⑤面接相談の各業務に使用する用紙類の各全部
3　上記1及び2の各業務に関連して使用しているその他の各種用紙の全部（辞退届用紙、面接記録用紙、同意書・承諾書用紙、報告書類用紙を含む。）

以上

　これらの公開請求をすると50種類程度の書式が開示されますが、実際の申請に使用するのは数種類ですから、必要な用紙のコピーの交付を受けます。申請に必要な書式以外の書式も、申請書の提出後の調査その他の審査業務を把握するのに役立ちます。ただ、自治体によっては「〇市（〇県）生活保護法施行細則」の中に書式がある場合は、行政文書ではなく行政資料として開示される場合があります。
　公開請求によらずに提出先の自治体（市又は都道府県）の「〇市（〇県）生活保護法施行細則」のような名称の規則の中にある必要な様式を自治体の規則集（例規集）からコピーをして貰うことも可能です。例規集は自治体の公立図書館にもあります。いずれのコピー料金も、Ａ3サイズ

まで1枚10円です。

3 申請時期と保護開始時期

(1) 生活保護法第7条は、「保護は、要保護者、その扶養義務者又はその他の同居の親族の申請に基いて開始するものとする」として申請主義の原則を規定していますから、保護の対象となるのは、申請時点（申請書の福祉事務所長への到達時点）以後の扶助しか対象となりません。申請書の到達時点の前から保護を要する状態にあったとしても、申請書の到達時点以後しか保護の対象とはなりませんから、必要な書類が揃わない場合でも、先ず、生活保護申請書だけでも福祉事務所長あてに郵送で提出しておきます。不足している書類について福祉事務所の担当者から連絡があります。しかし、必要な書類の提出が遅れた場合は福祉事務所長の決定の期限が延長される場合があります。

(2) かつての生活保護申請の実務は、多くの自治体の福祉事務所で申請をしようとする者に対して公務員との「面接相談」を強制して申請書用紙の交付も拒否して担当公務員の判断で保護は受けられないとして言って追い返すことが行われていたのです。公務員のこの行為を「水際作戦」と称して多くの自治体で行われたため、平成25年11月の生活保護法の改正法律案の審議に際して参議院厚生労働委員会は「生活保護法の一部を改正する法律案に対する附帯決議」として「いわゆる水際作戦はあってはならないことを、地方自治体に周知徹底すること」とした決議をしているのです。水際作戦によって申請書の用紙を交付せずに保護申請自体をさせなかったり、保護申請の時期を遅らせたり、保護開始の時期を遅らせたりしていたのです。担当公務員の判断で申請書用紙の交付を拒否し申請をさせない場合は、保護申請に対する福祉事務所長の決定（行政処分）が受けられず、その決定に対する不服申立もできないこととなって申請者の権利を侵害することは明白です。

4 保護申請の処理期間

(1) 保護の実施機関（福祉事務所長）は、保護の開始の申請があった場合は、

保護の要否、種類、程度及び方法を決定（行政処分といいます）し、申請者に対して書面で通知をする必要があります（生活保護法第24条3項）。この書面には決定の理由を記載する必要があります（生活保護法第24条4項）。

(2) 申請者に対する書面による通知は、申請のあった日（申請書が福祉事務所に到達した日）から14日以内にする必要がありますが、扶養義務者の資産や収入の状況の調査に日時を要する場合その他の特別な理由がある場合には30日間まで通知期限を延長することができると規定しています（生活保護法第24条5項）。30日間まで延長した場合は、その理由を申請者への通知文書に記載する必要があります（生活保護法第24条6項）。

保護の申請をしてから30日以内に申請者への通知がない場合は、申請者は、保護の実施機関が申請を却下（不適法な申請として門前払いにすること）したものとみなすことができます（生活保護法第24条7項）。却下の決定がなされた場合は、不服申立（審査請求）をすることができますが、その審査の結論が出るのに時間がかかりますから、却下の理由を検討して再度の申請をすることが大切です。

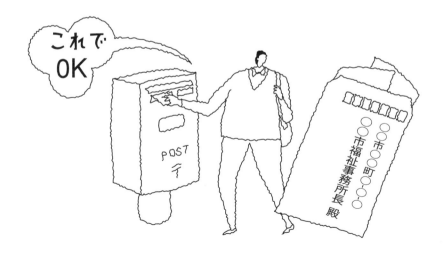

Q8 生活保護の申請前の「面接相談」には、どう対応するのですか

1 生活保護申請と面接相談

(1) 生活保護法には福祉事務所の公務員による「面接相談」の強制についての特別の規定はありませんが、「面接相談」が問題とされたのは、各地の福祉事務所において生活保護申請をしようとする者に対して面接相談を受けないと申請書用紙その他の用紙を交付せず申請をさせない「水際作戦」が実行されていたからです。平成25年11月の生活保護法の改正法律案に対する附帯決議でも「いわゆる水際作戦はあってはならないことを、地方自治体に周知徹底すること」との決議がなされています。

(2) 本来の正常な保護開始までの手続の順序は、次の通りとなります。
① 生活保護申請をしようとする者に対して福祉事務所職員が必要な用紙を交付して申請者の質問がある場合は「面接相談」に応じ保護申請の援助をします。
② 保護申請者からの保護申請書その他の書類を受領し調査を開始します。
③ 調査では、福祉事務所職員が、必要に応じて、訪問調査、検診命令、金融機関等への照会、扶養義務者の調査を行います。
④ 法律に規定する保護開始の要件を満たす場合は、保護開始の決定をして申請者に書面で通知します。要件を満たさないと判断をした場合は却下の決定を申請者に書面で通知をします。
⑤ 保護開始の決定のあった各種の扶助の給付がなされます。
　生活保護制度の利用の流れは次の通りとなります。
① 生活保護申請書その他の書面を福祉事務所長へ提出
　（申請のできない急迫した状況の場合は職権による保護が必要）

② 郵送又は持参による関係書類の到着後、調査や審査の開始
　　③ 保護の要否の判定と申請者への14日（最大30日）以内の通知
　　④ 保護利用開始後の変化に伴う保護内容の変更や指導指示
　　⑤ 保護の継続又は保護の停止廃止

(3)　本来の正常な手続では、むしろ生活保護の申請をしようとする者の申請が速やかに行われるように福祉事務所職員は必要な援助を行わなければならないのです。生活保護法施行規則1条2項でも、保護の実施機関は「保護の開始の申請について、申請者が申請する意思を表明しているときは、当該申請が速やかに行われるよう必要な援助を行わなければならない」と規定しているのです。申請書用紙その他の必要な用紙の交付を拒否された場合は、「申請する意思」を明確に表明します。生活保護法に規定する保護開始の要件を満たすか否かは福祉事務所長の判断によるものであって、窓口の担当者の判断で保護の要否の決定をすることはできません。保護の要否の決定（福祉事務所長による行政処分）の通知を受けなければ、保護開始の要件を満たしているのかどうかの判断ができませんし、仮に要件を満たしていない場合には、書面による通知によってその理由を知ることができますから、申請要件を満たした場合に再度の申請をすることもできるのです。

2　面接相談の強制と同行拒否

(1)　福祉事務所職員は、「面接相談」を受けないと申請書用紙その他の必要な用紙を交付しないとして面接相談を強制することはできません。しかし、申請をしようとする者の質問に対しては、福祉事務所職員は、申請関係書類の書き方その他の申請の仕方を教えるような申請を援助する義務があります（生活保護法施行規則1条2項）。

(2)　生活保護申請をしようとする者が、申請書用紙その他の必要な用紙の交付を求めることは、生活保護法施行規則1条2項の「申請者が申請する意思を表明しているとき」に該当しますが、福祉事務所職員が、どうしても用紙を交付しない場合は、その自治体の情報公開条例を活用して

必要な用紙類その他の必要な資料を入手します。公開請求は、どんな内容でも、何度でも、何時でも請求することができますから、公開請求書を郵送した直後に新たな文書の公開を求める必要があると思った場合には、新たな公開請求書を郵送します。公開請求書の宛先は自治体の長（例えば、〇〇市長、〇〇県知事）とし長の氏名の記載は不要です（公開請求の仕方は、本書の著者による緑風出版発行の「ひとりでできる行政監視マニュアル」25頁以下参照）。

(3) 水際作戦の一つに「同行拒否」があります。初めて生活保護申請をする者には、福祉事務所の公務員の説明が正しいのか否かも分かりませんから、生活保護法に詳しい支援者や市議会議員の同席を希望する場合が多いのですが、同行者の同席を認めない自治体が多数存在しました。公務員が同行拒否をする主な理由は、明らかに要保護状態にあるにもかかわらず、「保護の要件を満たしていないので仕事を探すように」とか「親族に援助をして貰うように」と言って申請をしたい者を追い返す水際作戦にとって、同行者の同席は都合が悪いからです。

(4) 面接相談の強制や同行者の同席拒否という「水際作戦」によって生活保護申請をさせない場合には、何としても「生活保護申請書」を居住地の福祉事務所長あてに郵送により提出する必要があります。持参すると内容に不備あるとかその他の理由を付けて受取拒否をする場合がありますから、普通郵便又は書留郵便で郵送をします。申請書が福祉事務所に到達した時点で申請の法的効果が発生し福祉事務所長に遅滞なく当該申請の審査を開始する義務が発生します（行政手続法7条）。その申請書の記載事項に不備がある場合、申請書に必要に書類が添付されていない場合その他の不備があった場合は、福祉事務所長は、速やかに、申請をした者に対して相当の期間を定めて補正を求める必要があります（行政手続法7条）。申請書を審査した結果、保護の要件を満たさないと判断した場合又は申請自体が不適法と判断した場合は、福祉事務所長は、申請者に対して書面で却下の決定を通知します（生活保護法第24条3項）。却下の決定に対しては不服申立（審査請求）ができますが、不服申立をした

場合でも、却下の理由を検討し補正をして再度の申請書を提出することが大切です。

Q9 生活保護の申請後の「調査」には、どう対応するのですか

1 保護決定のための調査

(1) 生活保護申請書が福祉事務所長に到達すると、福祉事務所では、保護の決定等のため必要がある場合は、要保護者の資産や収入の状況、健康状態その他の事項を調査するために次のような調査等を実施します。
① 要保護者の居住場所への立ち入り調査（生活保護法第28条1項）
② 要保護者への検診命令（生活保護法第28条1項）
③ 要保護者への報告請求（生活保護法第28条1項）
④ 扶養義務者等への照会（生活保護法第28条2項）
⑤ 官公署その他の関係機関への照会（生活保護法第29条）

(2) 上記のうち①②③の調査等に従わなかった場合には、福祉事務所長は、保護の申請を却下することができるとされています（生活保護法第28条5項）。生活保護法第28条5項では、保護の実施機関（福祉事務所長）は、次の場合には保護の申請を却下することができるとしています。
　ア　上記①の要保護者の居住場所への立入調査を、要保護者が、拒み、妨げ、又は忌避した場合
　イ　上記②の検診命令については、要保護者が、医師又は歯科医師の検診を受けるべき旨の命令に従わなかった場合
　ウ　上記③の要保護者に対する報告は、要保護者が報告を求められたのに報告をせず、又は虚偽の報告をした場合
　生活保護法第28条5項では、上記のアイウの場合には、福祉事務所長は、保護の開始若しくは変更の申請を却下し、又は保護の変更、停止若しくは廃止をすることができるとしています。

2 保護決定のための調査方法の内容

(1) 要保護者の居住場所への立ち入り調査の目的は、要保護者の資産及び収入の状況、健康状態その他の事項を調査することにありますが（生活保護法第28条1項）、保護申請書に添付して提出する必要のある次の「資産申告書」や「収入申告書」は、所定の記入用紙の交付を受けて申請時に提出します（生活保護法第24条1項4号）。

　　A　資産申告書には、要保護者の世帯員の所有する土地・建物、現金、預金、有価証券、生命保険その他の保険、自動車、貴金属と負債（借金）について記載します。

　　B　収入申告書には、働いて得た収入、年金・恩給、仕送りによる収入、その他の収入、将来見込まれる収入を記載します。

立入調査に備えて可能な範囲で所持する次の書類等を準備しておくと便利です。

① 預金通帳、生命保険・火災保険その他の保険証書
② 年金手帳、年金証書、年金振込通知葉書
③ 土地・建物の権利証、土地・建物の賃貸借契約書
④ 最近3カ月の給与明細書
⑤ 健康保険被保険者証その他の医療保険加入者証、介護保険被保険者証
⑥ 電気、ガス、水道、電話の最近の領収書又は請求書
⑦ 身体障害者手帳
⑧ 保護申請書に押印した印鑑（訂正用の認め印）

(2) 要保護者への検診命令については、福祉事務所長は、健康状態その他の事項を調査するために福祉事務所長の指定する医師又は歯科医師の検診を受けるべき旨を命ずることができます（生活保護法第28条1項）。保護開始の申請時点で検診命令がなされる場合には、例えば、①稼働能力の有無に疑いがある場合、②障害者加算の認定に必要と認める場合、③医療扶助の決定に際して要保護者の病状に疑いがある場合、④介護扶助の決定に際して医学的判断が必要な場合があります。検診命令は福祉事務所長の命令で行うものですから、保護申請者の費用負担はありません。福祉事務所長は、生活保護申請書の到達前に申請をしようとする者に対

して検診を命じたり診断書の提出を命ずることはできません。

(3) 要保護者への報告請求については、福祉事務所長は、要保護者の資産や収入の状況、健康状態その他の事項について、要保護者に対して報告を求めることができます（生活保護法第28条1項）。この報告請求に対して、報告をせず、又は虚偽の報告をした場合には、福祉事務所長は、保護開始の申請を却下することができるとしています（生活保護法第28条5項）。

(4) 扶養義務者等への照会については、福祉事務所長は、保護の開始決定その他の必要があると認める場合は、保護の開始の申請書や添付書類の内容を調査するために要保護者の扶養義務者その他の同居の親族等に対して報告を求めることができるとしています（生活保護法第28条2項）。
　更に、生活保護法第24条8項は、「保護の実施機関は、知れたる扶養義務者が民法の規定による扶養義務を履行していないと認められる場合において、保護の開始の決定をしようとするときは、厚生労働省令で定めるところにより、あらかじめ、当該扶養義務者に対して書面をもって厚生労働省令で定める事項を通知しなければならない。ただし、あらかじめ通知することが適当でない場合として厚生労働省令で定める場合は、この限りでない」と規定しています。例えば、夫の暴力から逃れて隠れている妻の保護開始申請に際して夫に照会するのは適当でないので、このような場合は、申請時点で照会をしないように福祉事務所長に通知しておく必要があります。

(5) 官公署その他の関係機関への照会については、福祉事務所長や保護の実施機関（市長や知事）は、保護の開始決定その他の必要があると認める場合は、次の各号に掲げる者の当該各号に定める事項につき、官公署、日本年金機構、共済組合等に対し、必要な書類の閲覧若しくは資料の提供を求め、又は銀行、信託会社、次の各号に掲げる者の雇主その他の関係人に報告を求めることができます（生活保護法第29条1項）。
　① 要保護者又は被保護者であった者　　　氏名及び住所又は居所、資

産及び収入の状況、健康状態、他の保護の実施機関における保護の決定及び実施の状況その他政令で定める事項
② 上記①の者の扶養義務者　　氏名及び住所又は居所、資産及び収入の状況その他政令で定める事項

　なお、民間事業者に回答を強制することはできませんが、生活保護法第29条2項では、官公署の長、日本年金機構、共済組合等の公的団体には「書類を閲覧させ、又は資料の提供を行うものとする」と規定しています。照会先が民間事業者の場合は、個人情報の保護のため本人の同意なしに回答することはできませんから、福祉事務所では、申請者に対して包括的な同意書の提出を求めています。

Q10 保護申請から保護の実施までの流れは、どのようになりますか

1 保護申請から保護の実施までの主な流れ

(1) 保護申請から保護の実施までの一般的な正常な手続の流れは、次の通りとなります。

① 保護申請をしようとする者に対して福祉事務所職員が必要な用紙を交付し、申請者の質問に対して「面接相談」に応じ保護申請の援助をします。

② 保護申請者からの保護申請書その他の書類を受領し調査を開始します。

③ 調査では、福祉事務所職員が、必要に応じて、訪問調査、検診命令、金融機関等への照会、扶養義務者の調査を行います。

④ 法律に規定する保護開始の要件を満たす場合は、保護開始の決定をして申請者に書面で通知します。要件を満たさないと判断をした場合は却下の決定を申請者に書面で通知をします。

⑤ 保護開始の決定のあった各種の扶助の給付がなされます。

(2) 生活保護の開始は、原則として、要保護者、その扶養義務者又はその他の同居の親族の申請に基づいて開始するものとされていますが（申請主義の原則）、例外として、要保護者が、急迫した状況にある場合には、保護の申請がなくても、保護の実施機関は、必要な保護を行うことができます（生活保護法第7条）。この例外の場合を「職権保護」といいます。この職権保護は、要保護者が急迫した状況にある場合には、その現在地を所管する福祉事務所を管理する都道府県知事又は市町村長が行うものとされています（生活保護法第19条2項）。

2 生活保護の申請から保護の実施までの実務

(1) 一般的な正常な実務では、先ず、生活保護申請をしようとする者に対して福祉事務所職員が保護申請書用紙その他の必要な用紙を交付して、保護申請をしようとする者の質問に答えて用紙の記入の仕方その他について誠実に回答をして保護申請の援助をします。しかし、実務では、福祉事務所職員が申請に必要な用紙も交付せずに「面接相談」を強制する。

(2) 次に、生活保護申請者からの保護申請書その他の書類が福祉事務所に到達した後に必要な調査を開始します。生活保護申請書は、福祉事務所に到達した時点で法的効力を生じ、到達後は遅滞なく当該申請の審査を開始する必要があります（行政手続法7条）。福祉事務所において申請書の審査を開始した後、申請書の記載事項に不備があった場合、申請に必要な書類が添付されていない場合その他の不備が認められた場合には、申請をした者に対して、速やかに、相当の期間を定めて当該申請の補正を求める必要があります（行政手続法7条）。

　保護申請書を提出した後、福祉事務所職員から申請の取り下げを求められる場合がありますが、原則として取り下げてはなりません。取り下げは、最初から申請がなかったことになりますから、取り下げをせずに、福祉事務所長の却下の決定の通知文書を受け取った場合でも、却下の理由を補正して再度の保護申請をするのに役立つからです。公務員が取り下げを強制することは違法行為ですから、従う必要はありません。

(3) 次に、生活保護申請書が福祉事務所長に到達すると、福祉事務所では、保護の決定等のため必要がある場合は、要保護者の資産や収入の状況、健康状態その他の事項を調査するために次のような調査等を実施します（Q9参照）。
　① 要保護者の居住場所への立ち入り調査（生活保護法第28条1項）
　② 要保護者への検診命令（生活保護法第28条1項）
　③ 要保護者への報告請求（生活保護法第28条1項）
　④ 扶養義務者等への照会（生活保護法第28条2項）
　⑤ 官公署その他の関係機関への照会（生活保護法第29条）

(4) 福祉事務所長は、保護の開始の申請があった場合は、保護の要否、種類、程度及び方法を決定する必要がありますが、法律に規定する保護開始の要件を満たす場合は、保護開始の決定をして申請者に書面で通知します。要件を満たさないと判断をした場合は却下の決定を申請者に書面で通知をします。これらの決定の通知の書面には、理由を付する必要があります（生活保護法第24条3項・4項）。これらの決定の通知は、申請のあった日から14日以内にする必要がありますが、扶養義務者の資産や収入の状況の調査に日時を要する場合その他特別の理由がある場合には30日まで延長することができます（生活保護法第24条5項）。30日まで延長する場合は、その理由を書面により明示する必要があります（生活保護法第24条6項）。保護の申請をしてから30日以内に保護の要否の決定の通知がない場合は、申請者は、福祉事務所長（保護の実施機関）が申請を却下したものとみなすことができます（生活保護法第24条7項）。従って、この場合にも、申請者は、不服申立（審査請求）をすることができますが、違法な不作為（処分を怠ること）を理由に国家賠償請求訴訟を提起することもできます。

　福祉事務所長が保護の開始を決定した場合には、概ね、次例のような「生活保護開始決定通知書」が申請者に対して郵送されてきます。

（生活保護開始決定通知書の記載例）

　　　　　　　　　　　　　　　　　　　　決定通知第○○○号
　　　　　　　　　　　　　　　　　　　　平成○年○月○日
○県○郡○町○○番地
○○○○　殿
　　　　　　　　　　　　　　　　○県○○福祉事務所長　（公印）

生活保護開始決定通知書

生活保護法による保護を下記の通り決定したので通知します。
　　　　　　　　　　　　　記
1　氏名及び住所
　　　○○○○　　　　　　　　○県○郡○町○○番地

2 決定内容・施行日・決定理由
   決定内容　　　開始
   施行日　　　平成○年○月○日
   決定理由　　　老齢により生活困窮と認め生活保護を開始する
3 保護の種類及び程度
   生活扶助費　　　（中略）　　　円
   住宅扶助費　　　（中略）　　　円
4 保護の決定に伴い生じた支給額
   支給額　　　（中略）　　　円
5 一時扶助
   敷金　　　（中略）　　　円
   生活扶助費移送費　　　（中略）　　　円
6 保護費の支給日
    定期支給分は毎月5日（ただし、当日が土曜、日曜又は祝日の場合は、その前日）
7 保護費の支給方法
    ○県○○福祉事務所の窓口で支給します。保護費を受け取るときは、この通知書と印鑑を持参してください。
8 この通知が申請受理後14日を経過した理由
    扶養義務調査のため
9 教示
    この決定に不服があるときは、この決定のあったことを知った日の翌日から起算して3カ月以内に○○県知事に対して審査請求をすることができます。この決定の取消の訴えは、審査請求に対する裁決を経た後、その裁決があったことを知った日の翌日から起算して6カ月以内に○○県知事を被告として提起することができます。

以上

(5) 保護開始の決定のあった各種の扶助の給付がなされます。要保護者に対して次のような扶助の給付がなされます。
　① 生活扶助（食費、衣類、電気・ガス・水道のような費用）
　② 教育扶助（義務教育のために必要な費用）
　③ 住宅扶助（家賃や地代のような費用）
　④ 医療扶助（病気やけがの治療に必要な費用）
　⑤ 介護扶助（介護サービスを受けるために必要な費用）
　⑥ 出産扶助（出産のために必要な費用）
　⑦ 生業扶助（仕事のための技能を修得するための費用）
　⑧ 葬祭扶助（葬儀のために必要な費用）
　これらの扶助は、要保護者の必要に応じ、いずれか（単給）又は複数（併給）の給付として行われます（生活保護法第11条）。
　以上の各種の扶助のほか、施設に入所させて保護する次の保護施設があります（生活保護法第38条）。
　① 救護施設
　② 更生施設
　③ 医療保護施設
　④ 授産施設
　⑤ 宿所提供施設

(6) 福祉事務所長（保護の実施機関）は、被保護者が保護を必要としなくなった場合には、速やかに、保護の停止又は廃止を決定し、書面で被保護者に通知する必要があります（生活保護法第26条）。この停止や廃止の決定（行政処分）に対しても不服申立をすることができます。

(7) 福祉事務所長（保護の実施機関）は、被保護者に対して、生活の維持、向上その他保護の目的達成に必要な指導又は指示をすることができます。しかし、この指導又は指示は、被保護者の自由を尊重し、必要の最少限度に止める必要があります。この指導又は指示は、被保護者の意思に反して強制することはできません（生活保護法第27条）。

福祉事務所長(保護の実施機関)は、要保護者から求めがあった場合には、要保護者の自立を助長するために要保護者からの相談に応じ、必要な助言をすることができます(生活保護法第27条の2)。

Q11 生活保護の申請に際して注意することは、どんなことですか

1 福祉事務所の公務員による「水際作戦」に屈しないこと

(1) 前にも述べましたが福祉事務所によっては、福祉事務所の公務員が「面接相談」を強制し、保護申請に必要な用紙の交付を求めても交付をせずに、保護の要件を満たしているのに、「まず仕事を探してください」とか「親族に援助して貰ってください」とか言って、保護申請をさせずに追い返す事例があります。

(2) 福祉事務所の面接相談室はプライバシーの保護の観点から密室になっていますから、テレビドラマで見る警察の取調室のようなものです。密室ですから、公務員がどんな嘘を言っても脅しても証拠が残りません。生活保護法に詳しい支援者や議員の同行同席を求めても福祉事務所に拒否される場合が多いのです。申請をしようとする者は、なるべく窓口で交付を受けられる生活保護制度の説明資料と申請に必要な各種の用紙の交付を受けて退散するのが無難です。

(3) 申請に必要な用紙を交付しない場合は、前述した通り、その自治体の情報公開条例を活用して必要な用紙類や知りたい内容を記載した文書の公開請求をして入手します。情報公開請求権を行使した場合は、公務員は必要な対応を迫られますから、必要な用紙や文書を入手することができます。

(4) 生活保護申請書その他の必要書類を提出する場合も、福祉事務所長あてに郵送して提出することも可能です。申請の法的効力は、申請書その他の書面が福祉事務所に到達した時点で法的効力を生じ、福祉事務所長には、申請の審理を開始する義務が生じます（行政手続法7条）。

2 要保護者以外の代理人による保護申請も可能であること

(1) 生活保護の申請は、①要保護者本人によるほか、②要保護者の扶養義務者、③その他の同居の親族の申請も可能としています（生活保護法第7条）。親族とは、次の範囲の者をいいます（民法725条）。これらの者は、生活保護法上の申請権者とされています。

① 6親等内の血族（例えば、尊属なら父母から数えて6世までの血族）
② 配偶者（夫又は妻）
③ 3親等内の姻族（例えば、配偶者の曾祖父母までの姻族）

(2) 上記の申請権者以外の者でも、弁護士のような法律上代理が可能とされている者は、代理人として申請書その他の書類を提出することができます。その他の単なる友人や知人の場合は委任状を添付しても代理を認めない扱いをしています。代理を認めない場合は、申請権者（要保護者本人、扶養義務者、同居の親族）の名義で申請書類を作成して申請権者の押印をした後、福祉事務所長あてに郵送をします。

3 生活保護申請書は福祉事務所長あてに提出すること

(1) 福祉事務所の窓口の公務員が保護申請をしようとする者に対して「保護の要件を満たしていない」と言ったとしても、何らの権限のない者の発言に過ぎず、適法な行政処分ではありませんから、必ず福祉事務所長の決定（行政処分）を得る必要があります。適法な却下処分に対しては法律上の不服申立（審査請求）が可能です。何らの権限のない公務員の行為は行政処分とは言えず、法律上の不服申立はできませんから、単に公務員の法令違反行為として公務員の懲戒処分を求めるしか方法がありません。しかし、それよって損害を受けた場合のように公務員の行為の違法性の明確な場合は、国家賠償請求訴訟を提起することもできます。

(2) 生活保護申請書の提出先は、原則として要保護者の居住地を所管する福祉事務所長あてとしますが、居住地を有しない場合又は居住地が明ら

かでない場合には、現在地（現に所在している場所であって、一時的か否かは問いません）を所管する福祉事務所長あてに提出します。

4 生活に困っていることを説明できること

(1) 生活保護の要否や程度は世帯を単位として判断されますから、世帯全体の各種の収入が保護申請時点で国の定めた最低生活費に満たない場合であることが必要です。収入が国の定めた最低生活費に満たない場合には、「最低生活費－収入」の差額が保護費として支給されます。収入が最低生活費を超える場合には保護費は支給されません。国の定めた保護基準の文書は情報公開条例により入手することは可能ですが、計算方法が複雑ですから、申請者による計算は実際には困難ですので、申請書を提出した後の調査の段階で担当公務員の質問に答えることとして、福祉事務所長の決定（行政処分）を待ちます。

(2) 収入が国の定めた最低生活費に満たない場合でも、次のいずれかに該当する場合には保護申請は却下されます。
① 他の法律に基づく給付が受けられる場合
② 稼働能力（働く能力）を活用していない場合
③ 世帯全員の資産が十分に活用されていない場合
④ 親族からの援助が受けられる場合

　保護申請を却下する理由として多いのは、「稼働能力の活用により保護を要しない」として却下をする場合です。たとえ稼働能力があったとしても、現実には長期間、就職のできない場合も多いし、健康上の理由により就職できない場合もありますから、却下の理由が誤っている場合には、不服申立（審査請求）をするほか、却下理由を検討し補正をして再度の保護申請書を提出します。

(3) 行政処分の効力については、行政庁（福祉事務所長）の決定（行政処分）が誤っている場合であっても、法律上、誤った行政処分でも有効な処分として通用する行政側に有利な制度になっているのです。行政庁が自ら誤りを認めて職権取消をするか、又は裁判所での違法な処分の取消訴訟

の勝訴判決が確定するまで、たとえ違法な行政処分であっても有効な処分として通用する効力を有するのです。この行政処分の効力のことを「公定力」といいます。

(4) 行政処分をした時点と事情の変更があった場合には、行政処分の前提に変更があったのですから、再度の保護申請書を提出します。例えば、「親族からの援助が受けられる」ことを理由として保護申請を却下した場合には、現実に援助が受けられない場合や受けていた援助が中止されたような場合は、保護申請時点との事情の変更があった場合ですから、当然、再度の保護申請書を提出することにします。

5 保護申請書その他の提出書類に虚偽の事実を記載しないこと

(1) この場合の虚偽の記載とは、嘘と知りながら嘘の事実を記載することをいいますから、例えば、計算の間違いで真実と異なる事実を記載したような場合は含まれません。生活保護法第85条は、虚偽の事実を申請した場合について次の罰則を規定しています。

① 不実の申請その他不正な手段により保護を受け、又は他人をして受けさせた者は、3年以下の懲役又は100万円以下の罰金に処する。ただし、刑法に正条があるときは、刑法による。

② 偽りその他不正な手段により就労自立給付金の支給を受け、又は他人をして受けさせた者は、3年以下の懲役又は100万円以下の罰金に処する。ただし、刑法に正条があるときは、刑法による。

上記の①②とも、刑法にその行為を処罰する規定がある場合（例えば、刑法246条の詐欺罪）には、刑法によります。

(2) 生活保護法第78条1項は、「不実の申請その他不正な手段により保護を受け、又は他人をして受けさせた者があるときは、保護費を支弁した都道府県又は市町村の長は、その費用の額の全部又は一部を、その者から徴収するほか、その徴収する額に100分の40を乗じて得た額以下の金額を徴収することができる」と一種の罰則的な規定をしています。

偽りその他不正な手段により就労自立給付金の支給を受け、又は他人

をして受けさせた者についても同様とする規定があります（生活保護法第78条3項）。

(3) 不正受給ではありませんが、生活保護法第63条は、「被保護者が、急迫の場合等において資力があるにもかかわらず、保護を受けたときは、保護に要する費用を支弁した都道府県又は市町村に対して、すみやかに、その受けた保護金品に相当する金額の範囲内において保護の実施機関の定める金額を返還しなければならない」と規定しています。例えば、すぐには売れない資産の土地を所有している者に支給した保護金品について土地が売れた場合に支給した額の範囲内で自治体に返還する必要があります。

6　生活保護申請書を提出した後の各種調査に必要な資料を準備しておくこと

(1) 生活保護開始の要件は、次の4要件を満たすことが必要ですが、次の③④について福祉事務所の調査が実施されます。
　① 日本国民であること
　② 生活保護申請書が保護の実施機関に到達したこと（急迫状況にある場合は別）
　③ 保護を必要とする状態にある者であること
　④ 稼働能力や資産を活用していること
　　平成26年7月18日の最高裁判決では、「外国人は生活保護法の対象ではなく、受給権はない」としました。

(2) 以上の4要件以外の支給要件はありませんから、例えば、次の場合に注意します。
　① 生活保護申請に年齢の制限はありません。年齢は無関係です。
　② 住民基本台帳に登録されているか否かは無関係です。
　③ 税金を滞納しているか否かは無関係です。
　④ 借金をしているか否かは無関係です。
　⑤ 子供が私立学校に通っているか否かは無関係です。

⑥　扶養義務者がいるか否かは無関係です。
⑦　扶養義務者の扶養のないことは保護開始の要件ではありません。

Q12 保護を受けている者の権利と義務は、どうなっていますか

1　保護を受けている者の権利

(1)　不利益変更の禁止（生活保護法第56条）

①　被保護者（現に保護を受けている者）は、正当な理由がなければ、既に決定された保護を、不利益に変更されることはありません。この場合の「既に決定された保護」には、保護の決定通知書に記載された保護の種類、程度及び方法のすべてが含まれます。この場合の「不利益」とは、被保護者の主観的な判断によるものではなく、客観的な判断によります。「変更」には、保護の種類、程度及び方法の変更のほか、保護の停止や廃止も含まれます。

②　保護の変更には「正当な理由」が必要とされますから、変更をする場合には、生活保護法に規定された要件と手続に従う必要があります。例えば、自治体の予算の不足を理由とする保護費の減額のような決定は認められません。

③　被保護者に事情の変更があった場合（例えば、被保護者が失業した場合）には、保護の変更の申請は、保護開始の場合の申請権者（要保護者、扶養義務者、同居の親族）から申請をしますが、その手続は保護開始の申請の場合と同様になります（生活保護法第24条9項）。

(2)　租税や公課の禁止（生活保護法第57条）

①　被保護者（現に保護を受けている者）は、保護金品（保護として給与し又は貸与される金銭と物品）を標準として租税その他の公課を課せられることはありません。生活保護法に定める保護金品は、被保護者の最低限度の生活を保障するものですから、それを収入として課税することはできないとしているのです。租税とは、国税や地方税をいいます。公課とは、租税以外の自治体や国に対する金銭負担をいい

ます。
② 租税や公課の禁止は生活保護法上の保護金品に限られますから、賃金収入や事業収入のような保護金品以外のものには課税されます。

(3) 差押えの禁止（生活保護法第58条）
① 被保護者（現に保護を受けている者）は、既に給与を受けた保護金品又はこれを受ける権利を差し押さえられることはありません。保護金品等が差し押さえられると最低限度の生活もできなくなるからです。
② 生活保護費のような差押え禁止の金銭とその他の金銭を同一の銀行口座にしている場合は金融機関への預金債権として全部を一括して差し押さえることが可能であるとするのが実務の取扱いとされていますから注意が必要です。

2　保護を受けている者の義務

(1) 保護等を受ける権利の譲渡の禁止（生活保護法第59条）
① 保護又は就労自立給付金を受ける権利は、これを譲渡することはできません。保護等を受ける権利は一身専属権（特定の者だけに帰属する権利）ですから、保護の実施機関が保護の種類・程度・方法を決定しているので他人への譲渡を禁止したのです。
② この譲渡禁止規定の趣旨は、保護の実施機関の決定した通りに保護金品等が支給されないと、最低限度の生活ができなくなるからです。

(2) 生活上の義務（生活保護法第60条）
① 被保護者（現に保護を受けている者）は、常に、能力に応じて勤労に励み、自ら、健康の維持及び増進に努め、収入、支出その他生計の状況を適切に把握するとともに支出の節約を図り、その他生活の維持及び向上に努めなければならないとされています。
② この規定は生活保護の受給の継続要件を日常生活上の義務の観点から規定したものですが、この規定に従わないと認められる場合は、福祉事務所長は、必要な指導又は指示をすることができます。

(3) 届け出の義務（生活保護法第61条）
　① 被保護者（現に保護を受けている者）は、収入、支出その他生計の状況について変動があった場合又は居住地若しくは世帯の構成に異動があった場合には、すみやかに、保護の実施機関又は福祉事務所長に届け出る必要があります。
　② この場合の収入とは、生活保護法上の給付以外の収入をいいます。生計の状況とは、失業、就職、病気その他の生計に変動を及ぼす事実をいいます。届け出の方法は書面に限定されていませんから口頭でも差支えありません。

(4) 指示等に従う義務（生活保護法第62条）
　① 被保護者（現に保護を受けている者）は、保護の実施機関が、居宅での保護ができないとして被保護者を救護施設、更生施設その他の適当な施設に入所させ、若しくはこれらの施設に入所を委託し、若しくは私人の家庭に養護を委託して保護を行うことを決定した場合、又は被保護者に対し必要な指導又は指示をした場合には、これに従う必要があります。
　② 保護施設を利用する被保護者は、保護施設の管理者の定めた管理規程に従う必要があります。保護の実施機関は、被保護者が、上記①又は②の規定による義務に違反した場合は、保護の変更、停止又は廃止をすることができます。保護の変更、停止又は廃止をする場合には、当該被保護者に対して弁明の機会を与える必要があります。

(5) 費用返還義務（生活保護法第63条）
　　前述したとおり被保護者（現に保護を受けている者）が、急迫の場合等において資力があるにもかかわらず、保護を受けた場合には、保護に要する費用を支弁した都道府県又は市町村に対して、すみやかに、その受けた保護金品に相当する金額の範囲内において保護の実施機関の定める額を返還する必要があります。

(6) その他の義務（生活保護法第28条1項）

① 生活保護法に基づく福祉事務所職員の立入調査に対する受忍義務
② 生活保護法に基づく福祉事務所長の検診命令に対する受忍義務

第 3 章●
生活保護の種類と内容は、どのようになっていますか

Q13 生活扶助の内容は、どのようになっていますか

1 生活扶助とは

(1) 生活扶助は、困窮のため最低限度の生活を維持することのできない者に対して、①衣食その他日常生活の需要を満たすために必要なもの（一般生活費）と②移送（要保護者の輸送費用）の範囲内で行われます（生活保護法第12条）。生活扶助は、8種類の扶助の中で最も基本的な扶助とされています。

(2) 「衣食その他日常生活の需要を満たすために必要なもの」として、衣類や飲食物のほかに光熱費、家具什器、家賃、地代のような日常生活の需要を満たすものの給付が行われます。

　「移送」とは、例えば、要保護者の高齢者を介護老人福祉施設に入所させる場合とか、保護施設の救護施設その他の施設に入所させる場合の要保護者の輸送費用をいいます。

(3) 生活扶助は、被保護者の居宅において行うものとしています（居宅保護の原則）。ただし、例外的に、①居宅保護によることができない場合、②居宅保護によっては保護の目的を達しがたい場合、又は③被保護者が希望した場合には、被保護者を救護施設、更生施設若しくはその他の適当な施設に入所させ、若しくはこれらの施設に入所を委託し、又は私人の家庭に養護を委託して行うことができます（生活保護法第30条1項）。

(4) 生活扶助は、金銭給付によって行います（金銭給付の原則）。ただし、例外的に、①これによることができない場合、②これによることが適当でない場合、③その他保護の目的を達するために必要がある場合には、現物給付によって行うことができます（生活保護法第31条1項）。

2 生活扶助の内容

(1) 生活扶助の内容は、①衣食のような個人単位の経費(第1類)、②光熱費のような世帯単位の経費(第2類)、③各種の加算の合計額となります。
 　① 個人単位の経費(例えば、食費、衣服費)
 　② 世帯単位の経費(例えば、光熱費、家具什器)
 　③ 各種の加算(例えば、妊産婦加算、障害者加算)
 　　生活扶助その他の扶助の具体的な保護基準の金額は、厚生労働省の告示「生活保護法による保護の基準」として公表されていますが、毎年のように変更になります。最新の告示の保護基準を閲覧するには、公立図書館か大きい図書館で「現行法規総覧」(第一法規出版)の第10編(厚生)の「生活保護法による保護の基準」を閲覧するのが便利です。本書の保護の基準は、平成30年4月現在の金額を示しました。

(2) 生活扶助の各種の加算には、次の種類があります。
 　① 妊産婦加算
 　② 障害者加算
 　③ 介護施設入所者加算
 　④ 在宅患者加算
 　⑤ 放射線障害者加算
 　⑥ 児童養育加算
 　⑦ 介護保険料加算
 　⑧ 母子加算
 　　上記の②又は⑧について、同一の者がいずれの加算事由にも該当する場合は、いずれか高い加算額によります。

(3) 以上のほか次の費用が支給されます。
 　① 期末一時扶助費(12月に支給され級地別・世帯人員別の金額となります)
 　② 冬季加算(10又は11月から3又は4月までで地区別の金額となります)
 　③ 入院患者日用品費(被保護者が入院した場合)
 　④ 介護施設入所者基本生活費(被保護者が入所した場合)

⑤　出生、入学、入院・退院等の特別の需要のある場合の一時扶助費

(4)　生活扶助には「級地制」が適用されますから、例えば、2人世帯の期末一時扶助費の金額は6区分された地域によって次の通り異なります。
　　　1級地―1　22,650円
　　　1級地―2　21,620円
　　　2級地―1　20,600円
　　　2級地―2　19,590円
　　　3級地―1　18,560円
　　　3級地―2　17,540円

3　生活扶助の主な基準額

(1)　生活扶助基準その他の保護の基準は、厚生労働省の告示「生活保護法による保護の基準」として公表されていますが、毎年のように変更されています。第1類（個人単位の費用）と第2類（世帯単位の費用）の金額は、基準額①（旧基準）と基準額②（新基準）として公表されていますが、この場合に基準額②が基準額①の90％より少なくなる場合は、基準額②を「基準額①×90％」に置き換えて算定することとしています。

　実際の支給金額の計算は、上記の「現行法規総覧」の「生活保護法による保護の基準」によるほか、厚生労働省の事務次官通知・局長通知・課長通知その他の膨大な通知文書によってなされますから、保護申請者が正確に支給金額を計算することは困難です。仮に、保護の基準を満たさないとして申請書が却下されても、却下の理由が明確になりますから、先ずは保護申請書を提出することが大切です。

(2)　生活扶助の基準生活費の月額は、6区分された「級地制」が採用されていますが、以下の金額は1級地―1の場合の例（月額）を示していますので、他の級地ではこの金額より低額となります。

　居宅の場合の第1類（個人単位の費用）の新基準（基準額②）の例は次の通りです。
　　　0歳～2歳は26,660円

3歳～5歳は29,970円
　　　6歳～11歳は34,390円
　　　12歳～19歳は39,170円
　　　20歳～40歳は38,430円
　　　41歳～59歳は39,360円
　　　60歳～69歳は38,990円
　　　70歳以上は33,830円

(3)　居宅の場合の第2類（世帯単位の費用）の新基準（基準額②）の例は次の通りです。
　　　世帯人員1人の場合は、40,800円
　　　世帯人員2人の場合は、50,180円
　　　世帯人員3人の場合は、59,170円
　　　世帯人員4人の場合は、61,620円
　　　世帯人員5人の場合は、65,690円
　　　世帯人員6人の場合は、69,360円
　　　世帯人員7人の場合は、72,220円
　　　世帯人員8人の場合は、75,080円
　　　世帯人員9人の場合は、77,940円
　　　世帯人員10人以上の場合は、1人増すごとに2,860円を加算

(4)　冬季加算の金額は次の地域区分ごとに異なります。
　　　Ⅰ区（10月から4月）　北海道、青森県、秋田県
　　　Ⅱ区（10月から4月）　岩手県、山形県、新潟県
　　　Ⅲ区（11月から4月）　宮城県、福島県、富山県、長野県
　　　Ⅳ区（11月から4月）　石川県、福井県
　　　Ⅴ区（11月から3月）　栃木県、群馬県、山梨県、岐阜県、鳥取県、島根県
　　　Ⅵ区（11月から3月）　その他の都府県

(5)　居宅の期末一時扶助費の1級地―1の場合は次の通りです。

世帯人員1人の場合は、13,890円
世帯人員2人の場合は、22,650円
世帯人員3人の場合は、23,340円
世帯人員4人の場合は、26,260円
世帯人員5人の場合は、27,370円
世帯人員6人の場合は、31,120円
世帯人員7人の場合は、33,060円
世帯人員8人の場合は、35,010円
世帯人員9人の場合は、36,670円
世帯人員10人以上の場合は、1人増すごとに1,670円を加算

4　主な加算の基準額

(1) 妊産婦加算の月額（1級地）は次の通りです。
   ① 妊娠6カ月未満の妊婦は8,960円
   ② 妊娠6カ月以上の妊婦は13,530円
   ③ 産婦は8,320円

(2) 障害者加算の月額（1級地）は次の通りです。
   ① 障害の程度により、在宅者は26,310円又は17,530円
   ② 障害の程度により、入院又は施設入所者は21,890円又は14,590円

(3) 児童養育加算の月額は次の通りです。
   ① 第1子及び第2子で3歳未満の児童は15,000円
   ② 第1子及び第2子で3歳以上中学校修了前の者には10,000円
   ③ 第3子以降で小学校修了前の児童は15,000円
   ④ 第3子以降で小学校修了後中学校修了前の者には10,000円

(4) 母子加算の月額（1級地）は次の通りです。
   ① 児童1人の場合では在宅者は22,790円、入院・入所者は18,990円
   ② 児童2人の場合に加える額は在宅者1,800円、入院・入所者1,530円

③　児童3人以上1人増すごとに加える額は在宅者920円、入院・入所者750円

　母子加算又は障害者加算について同一人が両方に該当する場合は、いずれか高額の加算額のみとされます。

Q14 教育扶助の内容は、どのようになっていますか

1 教育扶助とは
(1) 教育扶助は、困窮のため最低限度の生活を維持することのできない者に対して、次に掲げる事項の範囲内において行われます（生活保護法第13条）。
  ① 義務教育に伴って必要な教科書その他の学用品
  ② 義務教育に伴って必要な通学用品
  ③ 学校給食その他義務教育に伴って必要なもの

(2) 憲法26条2項は、「すべて国民は、法律の定めるところにより、その保護する子女に普通教育を受けさせる義務を負ふ。義務教育は、これを無償とする」と規定していますが、生活保護法もこの趣旨に従って義務教育の修学に必要な費用を対象としています。義務教育とは、学校教育法16条に規定する9年（小学校6年と中学校3年）の普通教育をいいます。高等学校への修学は義務教育には含まれませんから教育扶助の対象とはなりませんが、生業扶助の技能修得費の中で高等学校就学費用が支給されます。

2 教育扶助の内容
(1) 「義務教育に伴って必要な教科書その他の学用品」として、例えば、正規の教材、ノート、鉛筆、画用紙、絵の具、習字用紙、筆、消しゴムがあります。教科書は、「義務教育諸学校の教科用図書の無償に関する法律」と「義務教育諸学校の教科用図書の無償措置に関する法律」により無償とされますから、これら該当する教科書は教育扶助の対象となりません。

(2) 「義務教育に伴って必要な通学用品」として、例えば、かばん、雨傘、学生服、学帽、通学用自転車、ヘルメットがあります。

(3) 「学校給食その他義務教育に伴って必要なもの」として、例えば、給食費用、通学のための交通費、学級費、校外活動参加費、学習支援費があります。

(4) 教育扶助には級地制は採用されておらず、全国一律の基準となっています。教育扶助は次の一般基準により金銭給付を原則としています。
　① 基準額の月額は、小学校2,210円、中学校4,290円
　② 正規の教材として学校長や教育委員会の指定するものの購入費用
　③ 学校給食費として、保護者の負担すべき給食費の額
　④ 通学のための交通費として、通学に必要な最小限度の額
　⑤ 学習支援費として、月額で小学校2,630円、中学校4,450円

(5) 以上の一般基準のほかに次の特別基準により加算されます。
　① 学級費として月額で小学校670円以内、中学校750円以内
　② 災害時等の学用品費の再支給として小学校11,400円以内、中学校22,300円以内
　③ 校外活動参加費として必要な最小限度の額

(6) 教育扶助は、金銭給付によって行うことを原則としています。ただし、例外として、①これによることができない場合、②これによることが適当でない場合、③その他保護の目的を達するために必要がある場合は、現物給付によって行うことができます（生活保護法第32条1項）。
　教育扶助のための保護金品は、被保護者、その親権者若しくは未成年後見人又は被保護者の通学する学校の長に対して交付するものとされています（生活保護法第32条2項）。

Q15 住宅扶助の内容は、どのようになっていますか

1 住宅扶助とは
(1) 住宅扶助は、困窮のため最低限度の生活を維持することのできない者に対して、次に掲げる事項の範囲内において行われます（生活保護法第14条）。
　① 住居
　② 補修その他住宅の維持のため必要なもの

(2) 住宅扶助の対象となるのは、①住居の確保と②住居の補修ですが、①住居の確保とは、家賃・地代のような金銭給付や宿泊施設の利用のような現物給付をいいます。②住居の補修とは、家屋の破損により最低生活の維持に支障をきたすような場合に家屋の修繕をしたり、畳、建具、水道設備、配電設備その他の設備の修繕をいいます。

2 住宅扶助の内容
(1) 住宅扶助の基準額は次の通りです。
　① １級地及び２級地の(a)家賃・間代・地代等の月額は13,000円以内、(b)補修費等住宅維持費の年額は120,000円以内
　② ３級地の(a)家賃・間代・地代等の月額は8,000円以内、(b)補修費等住宅維持費の年額は120,000円以内

　上記の家賃・間代・地代等は、居住する住居が借家若しくは借間であって家賃や間代等を必要とする場合、又は居住する住居が自己の所有に属し、かつ住居の所在する土地に地代等を要する場合に支給されます。上記①又は②の基準額を超える場合には、都道府県、指定都市又は中核市ごとに厚生労働大臣の定める額の範囲内の額とされます。

(2) 住宅扶助の方法は次の通りとなります（生活保護法第33条）。
　① 住宅扶助は、金銭給付によって行うことを原則としています。ただし、例外として、(a)これによることができない場合、(b)これによることが適当でない場合、(c) その他保護の目的を達するために必要がある場合は、現物給付によって行うことができます。
　② 住宅扶助のうち、住居の現物給付は、宿所提供施設を利用させ、又は宿所提供施設にこれを委託して行うものとします。ただし、被保護者の意思に反して入所を強制することはできません。
　③ 住宅扶助のための保護金品は、世帯主又はこれに準ずる者に対して交付するものとしています。

(3) 被保護者が次例のような場合で「転居に際し敷金等を必要とする場合」には住宅扶助として支給されます。
　① 入院患者が実施機関の指導に基づいて退院するに際し帰住する住居がない場合
　② 実施機関の指導に基き現在支払われている家賃又は間代よりも低額な住居に転居する場合
　③ 退職等により社宅等から転居する場合
　④ 老朽又は破損により居住に堪えない状態になったと認められる場合
　⑤ 離婚により新たに住居を必要とする場合

Q16
医療扶助の内容は、どのようになっていますか

1 医療扶助とは
(1) 医療扶助は、困窮のため最低限度の生活を維持することのできない者に対して、次に掲げる事項の範囲内において行われます（生活保護法第15条）。
① 診察
② 薬剤又は治療材料
③ 医学的処置、手術及びその他の治療並びに施術
④ 居宅における療養上の管理及びその療養に伴う世話その他の看護
⑤ 病院又は診療所への入院及びその療養に伴う世話その他の看護
⑥ 移送（入院・転院等の交通費その他の輸送費）

(2) 医療扶助では、病気やけがで入院や通院によって治療を必要とする場合には、自治体の長その他の者の指定した「指定医療機関」に委託して医療の現物給付（診察や治療）によって行われます。指定医療機関の診療方針や診療報酬は、国民健康保険の診療方針や診療報酬の例によることとされています（生活保護法第52条1項）。

2 医療扶助の内容
(1) 医療扶助の対象は、診察、検査、注射、投薬、手術、輸血、入院その他の国民健康保険の適用対象となる医療が現物給付されます。そのほかにも、入院・通院・転院の場合の交通費その他の移送費（輸送費）、義足・松葉杖・メガネのような治療材料、あん摩・マッサージ・指圧・はり・灸・柔道整復のような施術も給付の対象となります。

(2) 医療扶助の方法は次の通りとなります（生活保護法第34条）。

① 医療扶助は、現物給付によって行います。ただし、例外として、(a)これによることができない場合、(b)これによることが適当でない場合、(c)その他保護の目的を達するために必要がある場合は、金銭給付によって行うことができます。
② 医療の現物給付は、医療保護施設を利用させ、又は医療保護施設若しくは指定医療機関にこれを委託して行うものとしています。
③ 医療の現物給付のうち医療を担当する医師又は歯科医師が医学的知見に基き後発医薬品（物質特許の切れた安価な医薬品）を使用することができると認めたものについては、被保護者に対し、可能な限り後発医薬品の使用を促すよう努めるものとしています。使用を強制することはできません。
④ あん摩マッサージ指圧師、はり師、きゅう師、柔道整復師のような施術者の行うことのできる範囲の施術については、都道府県知事の指定を受けた施術者に委託して給付を行うことができます。
⑤ 急迫した事情その他やむを得ない事情がある場合には、被保護者は、指定を受けない医療機関で医療の給付を受け、又は指定を受けない施術者に施術の給付を受けることができます。
⑥ 医療扶助のための保護金品は、被保護者に対して交付されます。

(3) 医療扶助基準は次の通りとされています。
　① 指定医療機関等において診療を受ける場合の費用は、国民健康保険の診療方針及び診療報酬に基きその者の診療に必要な最小限度の額
　② 薬剤又は治療材料に係る費用は、25,000円以内の額
　③ 施術のための費用は、都道府県知事又は指定都市・中核市の長が施術者の組合と協定して定めた額以内の額
　④ 移送費は、移送に必要な最小限度の額

Q17 介護扶助の内容は、どのようになっていますか

1 介護扶助とは

(1) 介護扶助は、困窮のため最低限度の生活を維持することのできない要介護者に対して、次の①から④まで及び⑧に掲げる事項の範囲内において行われ、困窮のため最低限度の生活を維持することのできない要支援者に対して、次の⑤から⑧までに掲げる事項の範囲内において行われます（生活保護法第15条の2）。

① 居宅介護（居宅介護支援計画に基き行うものに限ります）
② 福祉用具
③ 住宅改修
④ 施設介護（介護老人福祉施設、介護老人保健施設、介護療養型医療施設）
⑤ 介護予防（介護予防支援計画に基き行うものに限ります）
⑥ 介護予防福祉用具
⑦ 介護予防住宅改修
⑧ 移送（例えば、介護保険施設への輸送費）

(2) 介護扶助の対象者は、介護保険法に規定する①要介護者と②要支援者の状態にある者に限られます。①要介護者とは、介護保険法により住所地の自治体の長から要介護1〜要介護5のいずれかの認定を受けた者をいいます。②要支援者とは、介護保険法により住所地の自治体の長から要支援1又は要支援2のいずれかの認定を受けた者をいいます。これらの7区分の状態は、要支援1が最も軽く、要介護5が最も重くなっています。要介護者には介護給付が行われ、要支援者には予防給付が行われます。介護保険の自己負担額は所得額により1割、2割又は3割とされています。

(3) 介護保険の被保険者は、①65歳以上の第1号被保険者と②40歳以上65歳未満の医療保険に加入している第2号被保険者とに区別されています。第2号被保険者は、関節リウマチ、脳血管疾患（脳出血や脳梗塞）、脊椎管狭窄症その他の特定の16種類の病気（特定疾病）によって要介護又は要支援の状態と認定された場合にだけ介護保険の給付を受けることができます。生活保護法の介護扶助の対象者には、被保険者でない者、要介護又は要支援の認定を受けていない者でも、要介護又は要支援の状態にある者は含まれます。

2　介護扶助の内容

(1) 介護給付の内容は、居宅介護、福祉用具、住宅改修、施設介護、介護予防その他の生活保護法第15条の2第1項に規定する給付とされていまが、給付の内容は、介護保険法に規定する給付の内容と同一の内容とされています。

(2) 介護扶助の方法は次の通りとなります（生活保護法第34条の2）。
　① 介護扶助は、現物給付によって行います。ただし、例外として、(a)これによることができない場合、(b)これによることが適当でない場合、(c)その他保護の目的を達するために必要がある場合は、金銭給付によって行うことができます。
　② 介護扶助の現物給付は、原則として指定された介護機関に委託して行うものとされています。しかし、急迫した事情その他やむを得ない事情がある場合には、被保護者は、指定を受けない介護機関の給付を受けることができます。
　③ 介護扶助のための保護金品は、被保護者に対して交付されます。

(3) 介護保険と生活保護との関係は、①65歳以上の第1号被保険者の場合は介護保険の給付が生活保護の給付に優先するので、介護保険の自己負担額相当額は生活保護の介護扶助となります。②40歳以上65歳未満の医療保険の未加入者は介護保険の被保険者とはならないので、介護保険の給付はなく生活保護の介護扶助となります。

(4) 介護保険の被保険者でない要保護者は、介護保険制度の適用は受けませんから、要介護認定は生活保護制度で行う必要がありますが、被保険者との均衡を図るために自治体の介護認定審査会に委託して行うこととしています。しかし、やむを得ない理由がある場合は、介護認定審査会の結果を待たずに介護扶助の行われる場合もあります。

(5) 介護扶助基準は次の通りとされています。
　① 居宅介護、福祉用具、住宅改修又は施設介護に係る費用は、その者の介護サービスに必要な最小限度の額
　② 移送費は、移送（輸送）に必要な最小限度の額

Q18 出産扶助の内容は、どのようになっていますか

1 出産扶助とは

(1) 出産扶助は、困窮のため最低限度の生活を維持することのできない者に対して、次に掲げる事項の範囲内において行われます（生活保護法第16条）。
　① 分べんの介助
　② 分べん前又は分べん後の処置
　③ 脱脂綿、ガーゼその他の衛生材料

(2) 通常の分べん（出産）は、病気の治療には該当しませんから医療扶助の対象とはなりませんが、出産費用は高額になることから、これを保護対象としたものです。分べんには、出産のほか死産や流産も含まれますが、人工妊娠中絶の場合は医療扶助の対象となります。

2 出産扶助の内容

(1) 出産扶助の対象は、①分べんの介助、②分べん前又は分べん後の処置、③脱脂綿、ガーゼその他の衛生材料とされていますが、病院、助産所等の施設において分べんをする場合は、入院（8日以内の実入院日数）に要する必要最小限度の額が基準額に加算されます。

(2) 出産扶助の方法は次の通りとなります（生活保護法第35条）。
　① 出産扶助は、金銭給付によって行います。ただし、例外として、(a)これによることができない場合、(b)これによることが適当でない場合、(c)その他保護の目的を達するために必要がある場合は、現物給付によって行うことができます。
　② 出産扶助の現物給付のうち、出産の給付は、知事の指定を受けた助

産師に委託して行うものとしています。
③　急迫した事情その他やむを得ない事情がある場合には、被保護者は、指定を受けない助産師の出産の給付を受けることができます。
④　出産扶助のための保護金品は、被保護者に対して交付されます。

(3)　出産扶助の一般基準額は、施設分べんと居宅分べんで次の通りになっています。
①　施設分べんの場合の基準額は293,000円以内
②　居宅分べんの場合の基準額は262,000円以内
　病院や助産所のような施設で分べんをする場合は、入院に要する必要最小限度の額が上記の基準額に加算されます。衛生材料費を必要とする場合は5,700円の範囲内で上記の基準額に加算されます。

(4)　双生児出産の場合の出産扶助の特別基準は次の通りになっています。
①　施設分べんの場合の基準額は586,000円以内
②　居宅分べんの場合の基準額は524,000円以内

Q19 生業扶助の内容は、どのようになっていますか

1 生業扶助とは

(1) 生業扶助は、困窮のため最低限度の生活を維持することのできない者又はそのおそれのある者に対して、次に掲げる事項の範囲内において行われます。ただし、これによって、その者の収入を増加させ、又はその自立を助長することのできる見込みのある場合に限られます（生活保護法第17条）。

① 生業（職業）に必要な資金、器具又は資料
② 生業に必要な技能の修得
③ 就労のために必要なもの

(2) 生業扶助は、被保護者の稼働能力を引き出して、それを助長することにより自立を図ることを目的として行われます。生業扶助は、それによって、被保護者の収入を増加させ又はその自立を助長することのできる見込みのある場合に給付されます。

2 生業扶助の内容

(1) 生業扶助の内容は、次の3種類に分けられます。

① 「生業に必要な資金、器具又は資料」（生業費）とは、生計の維持を目的とした小規模の事業を営むために必要な資金・器具・資料をいいます。この場合の資金も、金融機関による大規模な貸出金のようなものではなく、例えば、小さな商売を開始するのに必要な運転資金のようなものをいいます。

② 「生業に必要な技能の修得」とは、生計の維持に役立つ生業に就くために必要な技術を修得させたり、公的資格を取得させたりすることをいいます。例えば、美容学校、洋裁学校その他の専門学校で技術を

修得したり、保育士、介護福祉士、社会福祉士その他の公的資格を取得する場合があります。
③　「就労のために必要なもの」とは、就職の確定した被保護者が就職のために直接必要とする洋服類、靴その他の物の購入費用をいいます。

(2)　高等学校等就学費については、教育扶助ではなく生業扶助として給付されます。高等学校の卒業は就職に不可欠ともいうべき状況になっていることから、生業に必要な技能の修得に必要なものとして生業扶助の対象とされています。小学校と中学校の就学費用は教育扶助の対象とされています。

(3)　生業扶助の方法は次の通りとされています（生活保護法第36条）。
①　生業扶助は、金銭給付によって行います。ただし、例外として、(a)これによることができない場合、(b)これによることが適当でない場合、(c)その他保護の目的を達するために必要がある場合は、現物給付によって行うことができます。
②　現物給付のうち、就労のために必要な施設の供用及び生業に必要な技能の授与は、授産施設若しくは訓練を目的とするその他の施設を利用させ、又はこれらの施設に委託して行うものとしています。
③　生業扶助のための保護金品は、被保護者に対して交付します。ただし、施設の供用又は技能の授与のために必要な金品は、授産施設の長に対して交付することができます。

(4)　生業扶助の給付額の一般基準は次の通りになっています。
①　生業費は、46,000円以内
②　技能修得費（高校等就学費を除く）は、78,000円以内
③　高校等就学費の(a)基本額月額は5,450円、(b)教材費は正規の授業で使用する教材の購入費に必要な額、(c)授業料は都道府県立高校の額以内の額、(d)入学料・入学考査料は都道府県立又は市町村立高校の額以内の額、(e)通学のための交通費は必要最小限度の額、(f)学習支援費月額は5,150円

④　就職支度費は31,000円以内

　その他にも自動車運転免許の取得が雇用の条件となっている場合、専修学校その他の各種学校で技能を修得する場合、厚生労働大臣の指定する教育訓練講座で公的資格を取得する場合には特別基準による生業扶助があります。

Q20 葬祭扶助の内容は、どのようになっていますか

1 葬祭扶助とは

(1) 葬祭扶助は、困窮のため最低限度の生活を維持することのできない者に対して、次に掲げる事項の範囲内において行われます(生活保護法第18条1項)。

① 検案
② 死体の運搬
③ 火葬又は埋葬
④ 納骨その他葬祭のために必要なもの

①の「検案」とは、医師の診療中の患者でない者が死亡した場合などに、その死体について死因その他の医学的検査をすることをいいます。この場合は「死体検案書」が作成されます。

③の「火葬」とは、遺体を葬るために火葬場で焼くことをいいます。「埋葬」とは、遺体を土中に葬ること(土葬)をいいます。

④の「納骨」とは、焼骨を収蔵することをいいます。「その他葬祭のために必要なもの」には、例えば、棺、骨壺、位牌、祭壇、読経、死亡診断書があります。

(2) 葬祭扶助は、次に掲げる場合において、その葬祭を行う者がある場合は、その者に対して葬祭扶助を行うことができます(生活保護法第18条2項)。

① 被保護者が死亡した場合において、その者の葬祭を行う扶養義務者がない場合
② 死者に対しその葬祭を行う扶養義務者がない場合において、その遺留した金品で、葬祭を行うに必要な費用を満たすことのできない場合

2　葬祭扶助の内容

(1) 葬祭扶助の方法は次の通りとされています（生活保護法第37条）。

　① 葬祭扶助は、金銭給付によって行います。ただし、例外として、(a)これによることができない場合、(b)これによることが適当でない場合、(c)その他保護の目的を達するために必要がある場合は、現物給付によって行うことができます。

　② 葬祭扶助のための保護金品は、葬祭を行う者に対して交付します。

(2) 葬祭扶助の一般基準の基準額は、次の通りとなっています。

　　1級地と2級地は、大人206,000円以内、小人164,800円以内
　　3級地は、大人180,300円以内、小人144,200円以内

　この場合の大人と小人の区別は火葬等に関する自治体の条例によりますが、条例のない場合はその地域の慣行によります。

　葬祭費が基準額を超え、火葬料が1級地・2級地で大人600円・小人500円、3級地で大人480円・小人400円を超える場合は、超える額を基準額に加算します。自動車料金その他の死体の運搬料が1級地・2級地で15,290円、3級地で13,380円を超える場合は、22,630円からこの額を控除した額の範囲内の額を基準額に加算します。

(3) 葬祭扶助の特別基準は、次の通りとなっています。

　① 小人について一般基準額を超える場合は大人の基準額を適用します。
　② 扶養義務者のない場合に葬祭を行う者には1,000円を加算します。
　③ 死亡診断又は死体検案の費用が5,250円を超える場合は、超える額を加算します。
　④ 火葬又は埋葬を行うまでの間、死体を保存するための特別な費用は実費加算されます。

Q21 保護施設には、どんなものがありますか

1 保護施設の種類
(1) 生活保護の保護施設には、次の5種類の施設があります(生活保護法第38条1項)。
① 救護施設
② 更生施設
③ 医療保護施設
④ 授産施設
⑤ 宿所提供施設

(2) 各保護施設の内容は次の通りです(生活保護法第38条2項〜6項)。
① 救護施設とは、身体上又は精神上著しい障害があるために日常生活を営むことが困難な要保護者を入所させて生活扶助を行うことを目的とする施設をいいます。
② 更生施設とは、身体上又は精神上の理由により養護及び生活指導を必要とする要保護者を入所させて生活扶助を行うことを目的とする施設をいいます。
③ 医療保護施設とは、医療を必要とする要保護者に対して、医療の給付を行うことを目的とする施設をいいます。
④ 授産施設とは、身体上若しくは精神上の理由又は世帯の事情により就業能力の限られている要保護者に対して、就労又は技能の修得のために必要な機会及び便宜を与えて、その自立を助長することを目的とする施設をいいます。
⑤ 宿所提供施設とは、住居のない要保護者の世帯に対して、住宅扶助を行うことを目的とする施設をいいます。

2 保護施設の基準と設置

(1) 都道府県は、保護施設の設備や運営について条例で基準を定める必要があります。その条例には、次の①②③については厚生労働省令で定める基準に従い定めるものとし、④についてはその省令基準を標準として定めるものとし、その他の事項についてはその省令基準を参酌することとしています（生活保護法第39条）。

① 保護施設に配置する職員とその員数
② 保護施設に係る居室の床面積
③ 保護施設の運営に関する事項で利用者の適切な処遇及び安全の確保並びに秘密の保持に密接に関連するものとして厚生労働省令で定めるもの
④ 保護施設の利用定員

(2) 保護施設を設置することができるのは、①都道府県、②市町村、③地方独立行政法人、④社会福祉法人、⑤日本赤十字社に限られます（生活保護法第41条1項）。保護施設を設置する場合には、その施設に配置する職員数、施設の居室の床面積その他の事項について厚生労働省令に規定する基準を満たす必要があります。

(3) 都道府県知事は、保護施設の運営について必要な指導をする必要があります。ただ、社会福祉法人又は日本赤十字社の設置した保護施設に対する指導については、市町村長が、これを補助することとしています（生活保護法第43条）。

(4) 都道府県知事は、保護施設の管理者に対して、その業務若しくは会計の状況その他必要と認める事項の報告を命じ、又は都道府県職員に、その施設に立ち入り会計書類その他の書類を検査させることができます（生活保護法第44条）。

3 保護施設の義務

(1) 保護施設の義務として次の義務があります（生活保護法第47条）。

①　保護施設は、保護の実施機関から保護のための委託を受けた場合は、正当な理由なくして、これを拒否してはなりません。
②　保護施設は、要保護者の入所又は処遇に当たり、人種、信条、社会的身分又は門地により差別的又は優先的な取り扱いをしてはなりません。
③　保護施設は、これを利用する者に対して、宗教上の行為、祝典、儀式又は行事に参加することを強制してはなりません。
④　保護施設は、都道府県職員による立ち入り検査を拒んではなりません。

⑵　保護施設の長は、常に、その施設を利用する者の生活の向上及び更生を図ることに努める必要があります。保護施設の長は、その施設を利用する者に対して、管理規程に従って必要な指導をすることができますが、都道府県知事は、必要と認める場合は、その指導を制限し又は禁止することができます。保護施設の長は、その施設を利用する被保護者について、保護の変更、停止又は廃止を必要とする事由が生じたと認める場合は、速やかに保護の実施機関に届け出る必要があります（生活保護法第48条）。

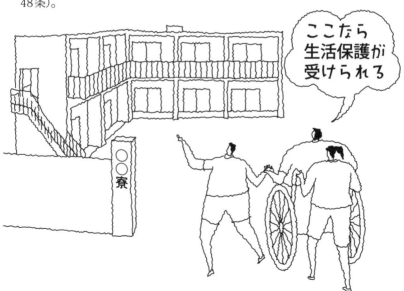

第4章●
保護の要否や程度の決定は、どのようになされますか

Q22 保護の要否の判断基準は、どのようになっていますか

1 保護の要否の決定

(1) 保護の実施機関は、保護の開始の申請があった場合は、①保護の要否、②種類、③程度、④方法を決定し、申請者に対して書面で、これを通知する必要があります（生活保護法第24条3項）。

①の「保護の要否」は、要保護者世帯の最低生活費からその世帯の総収入を差し引いた不足分がある場合に保護が必要と判断されます。その世帯の総収入が最低生活費を超える場合には申請は却下されます。

②の「種類」とは、生活扶助、教育扶助、住宅扶助、医療扶助、介護扶助、出産扶助、生業扶助、葬祭扶助の8種類の扶助の中の一つ又は複数の扶助をいいます。

③の「程度」とは、不足分を補う程度において、最低限度の生活の需要を満たすに十分なもので、かつこれを超えない程度をいいます。

④の「方法」は、要保護者の年齢、性別、健康状態その他の実際の必要の相違を考慮して扶助の方法を決定します。

(2) 保護の実施機関とは、①都道府県知事、②市長、③福祉事務所を管理する町村長、④これらの者から保護の決定や実施の事務を委任された福祉事務所長をいいます（生活保護法第19条）。実際には、④の事務を委任された福祉事務所長が大部分の事務を処理しています。この場合の「委任」とは、民法上の委任とは異なり、委任を受けた福祉事務所長（受任者）に委任者の職務権限が移転しますから、福祉事務所長は、自らの権限で事務を処理する義務を負います。

(3) 保護の実施機関（福祉事務所長その他の行政庁）は、保護の開始決定、変更決定その他の「決定」をしますが、この決定（行政庁の行政処分）の

効力は、違法な決定であっても、権限を有する機関の職権により取り消されるか、裁判所の取消訴訟の勝訴判決が確定するまでは有効なものとして通用することとされています。この効力を「公定力」といいます。行政庁とは、福祉事務所長のような行政主体（国や自治体）の判断を決定し外部に表示する権限を有する機関をいいます。

2　保護の要否の判断基準（審査基準）

(1)　保護の要否の判断基準（申請に対する審査基準）として、生活保護法関係法令、厚生労働省の告示・事務次官通知・局長通知・課長通知その他の多数の通知文書によって実務が進められていますので、保護申請者がこれらの文書を読んで完全に理解して申請することは困難ですから、先ず、福祉事務所長あての保護申請書を提出することが大切です。

　生活保護法による保護の開始決定や保護の実施の事務は、本来は国の事務ですが、地方自治法2条9項により「法定受託事務」として自治体の事務とされています。自治体の事務であっても保護の要否の判断基準（保護申請に対する審査基準）は自治体で定めることはなく地方自治法245条の9の規定により大臣の定めた「よるべき基準」としての厚生労働省の通知により処理されています。生活保護法による保護開始の申請その他の申請については行政手続法が適用されますから、行政庁（保護の実施機関）は、保護申請に対して次の通り処理する必要があります（行政手続法7条・8条・9条）。

①　行政庁は、申請がその事務所に到達したときは遅滞なく申請の審査を開始する必要があります。行政庁は、申請に対する審査基準を定めるものとされていますが、保護申請について、上記の「よるべき基準」が審査基準とされています。

②　行政庁は、申請書の記載事項に不備がないこと、申請書に必要な書類が添付されていること、その他の申請の形式上の要件に適合しない申請については、速やかに、申請をした者に対し相当の期間を定めて申請の補正を求める必要があります。

③　行政庁は、申請を拒否する処分をする場合には、申請者に対し、同時に、その処分の理由を示す必要があります。処分を書面でする場合

は、その理由は、書面により示す必要があります。
④　行政庁は、申請をしようとする者又は申請者の求めに応じ、申請書の記載及び添付書類に関する事項その他の申請に必要な情報の提供に努める必要があります。

　ただ、生活保護法第29条の2は、生活保護法に規定する保護の開始や変更の申請に対する却下処分、保護の変更・停止・廃止の処分については、行政手続法3章（不利益処分の規定）の規定は、(a)処分の基準（12条）と(b)不利益処分の理由の開示の規定（14条）を除いて、適用しないとしています。生活保護法で特別の規定をしているからです。

(2)　保護の要否の判断基準の基本的考え方は、①要保護者の世帯の最低生活費の合計額と、②その世帯の総収入との比較により、総収入が要保護者世帯の最低生活費の合計額に満たない場合に、その不足分を扶助（保護費）として給付することになります。つまり、扶助の額＝「要保護者世帯の最低生活費の合計額－その世帯の総収入額」で計算されます。

　保護は、「世帯」を単位としてその要否と程度を定めるものとしていますが、これによりがたい場合は個人を単位として定めることができます（生活保護法第10条）。「世帯」とは、現実に住居及び生計を同じくしている者の集団をいいます。一定の親族を中心している場合が多いものの、他人が入っている場合もあり、一人世帯もあります。同一世帯の認定は、同一の住居に居住し生計を一にしている者は、原則として同一世帯員として認定されます。

(3)　保護の要否の判断基準の基本的考え方は、生活保護法第8条に次の通り規定しています。
①　保護は、厚生労働大臣の定める基準により測定した要保護者の需要を基とし、そのうち、その者の金銭又は物品で満たすことのできない不足分を補う程度において行うものとする。
②　前項①の基準は、要保護者の年齢別、性別、世帯構成別、所在地域別その他保護の種類に応じて必要な事情を考慮した最低限度の生活の需要を満たすに十分なものであって、かつ、これを超えないものでな

ければならない。

(4) 収入額の認定は、次の通りとなります。
① 収入の認定は、月額によることとし、この場合に(a)収入がほぼ確実に推定できる場合はその額により、(b)そうでない場合は前３カ月間程度の収入額を標準として定めた額により、(c) 数カ月若しくはそれ以上の長期間にわたって収入の実情につき観察することを適当とする場合は、長期間の観察の結果により適正に認定することとしています。
② 収入は、現物による収入か金銭による収入かを問わず、稼働収入のほか、年金収入、手当のような公的給付、仕送りによる収入、資産の売却収入その他の種類にかかわらず一切のものを収入として計算します。ただ、収入を得るために必要な経費は収入額から控除されます。
③ 就労による収入として、例えば、勤労収入、農業収入、農業以外の事業収入があります。これらの収入を得るために必要な経費は収入額から控除されます。
④ 就労以外の収入として、例えば、年金・恩給等の収入、仕送りや贈与による収入、土地建物その他の物の賃貸借による収入があります。
⑤ 収入として取り扱わないものの例として、出産・就職・結婚・葬儀のような冠婚葬祭の際に贈与される祝金や香典で社会通念上収入として認定することが適当でないもの、義務教育を受けている児童が就労して得た収入であって収入として認定することが適当でないものがあります。

(5) 保有資産の活用については、最低生活の内容としてその所有又は利用を容認するに適しない資産は、次の場合を除き、原則として処分のうえ最低限度の生活の維持のために活用させることとしています。ただ、資産の活用は売却を原則とするが、これにより難い場合は、その資産の貸与により収益をあげる等活用の方法を考慮することとしています（事務次官通知）。
① その資産が現実に最低限度の生活維持のために活用されており、かつ、処分するよりも保有しているほうが生活維持及び自立の助長に実

効があがっているもの
② 現在活用されていないが、近い将来において活用されることがほぼ確実であって、かつ、処分するよりも保有しているほうが生活維持に実効があがると認められるもの
③ 処分することができないか、又は著しく困難なもの
④ 売却代金よりも売却に要する経費が高いもの
⑤ 社会通念上処分させることを適当としないもの

(6) 資産保有の限度と資産活用の具体的取扱いの主なものは次の通りとなっています（局長通知）。これらは法律の規定もないのに申請に対する実際の審査基準とされています。
① 宅地のうち、次の場合は保有を認めていますが、処分価値が利用価値に比べて著しく大きいと認められる場合は除かれます。
　(a) その世帯の居住用家屋に附属した土地で建築基準法により必要とされる面積の土地
　(b) 農業その他の事業用の土地で事業遂行上必要最小限度の面積の土地

② 田畑は、次のいずれにも該当する場合には保有を認めていますが、処分価値が利用価値に比べて著しく大きいと認められる場合は除かれます。
　(a) その地域の農家の平均耕作面積、その世帯の稼働人員等から判断して適当と認められるものであること
　(b) その世帯の世帯員が現に耕作しているものであるか、又はその世帯員若しくは世帯員となる者がおおむね3年以内に耕作することにより世帯の収入増加に著しく貢献するようなものであること

③ 山林と原野は、次のいずれにも該当する場合には保有を認めていますが、処分価値が利用価値に比べて著しく大きいと認められる場合は除かれます。
　(a) 事業用（植林事業を除く）又は薪炭の自給用若しくは採草地用と

して必要なものであって、その地域の低所得世帯との均衡を失することにならないと認める面積のもの
　(b)　その世帯の世帯員が現に最低生活維持のために利用しているものであるか、又はその世帯員若しくは世帯員となる者がおおむね3年以内に利用することにより世帯の収入増加に著しく貢献するようなものであること

④　家屋については、次の通りとされています。
　(a)　その世帯の居住用に供される場合は保有を認めていますが、処分価値が利用価値に比べて著しく大きいと認められる場合は除かれます。保有を認める場合でも、その世帯の人員、構成等から判断して部屋数に余裕があると認められる場合は、間貸しにより活用させることとしています。
　(b)　事業用に供される家屋で営業種別、地理的条件等から判断して、その家屋の保有がその地域の低所得世帯との均衡を失することにならないと認められる規模のものは保有を認めていますが、処分価値が利用価値に比べて著しく大きいと認められる場合は除かれます。
　(c)　貸家の保有は認められませんが、その世帯の要保護推定期間（概ね3年以内）の家賃の合計が売却代金より多いと認められる場合は保有を認めて貸家として活用させることとしています。

⑤　事業用品については、次のいずれにも該当する場合は保有を認めていますが、処分価値が利用価値に比べて著しく大きいと認められる場合は除かれます。
　(a)　事業用設備、事業用機械器具、商品、家畜であって、営業種目、地理的条件等から判断して、これらの物の保有がその地域の低所得世帯との均衡を失することにならないと認められる程度のものであること
　(b)　その世帯の世帯員が現に最低生活維持のために利用しているものであるか、又はその世帯員若しくは世帯員となる者が、概ね1年

以内（事業用設備は 3 年以内）に利用することにより世帯の収入増加に著しく貢献するようなもの

⑥ 生活用品については次の通りとされています。
　(a) 家具什器と衣類寝具は、その世帯の人員、構成等から判断して利用の必要があると認められる品目及び数量は保有を認めています。
　(b) 趣味装飾品は、処分価値の小さいものは保有を認めています。
　(c) 貴金属や債券は保有を認めません。

⑦ 自動車の保有は原則として認められませんが、例外的に、(a)障害者が通勤・通院・通所・通学のために利用する場合、(b)公共交通機関の利用が不可能か著しく困難な地域に居住する者が通院等に利用する場合、その他の一定の場合には保有を認めています。ただ、極めて厳格な要件を定めています。125cc 以下のオートバイや原動機付自転車は、自賠責保険や任意保険に加入していること、維持費の捻出が可能なこと、その他の条件を満たす場合には保有を認めています。

⑧ 生命保険に加入していて解約すると返戻金のある場合は原則として解約させられます。ただ、返戻金が少額（最低生活費の 3 カ月程度以下）で、かつ、保険料額がその地域の一般世帯との均衡を失しない場合は解約の必要はないとしています。ただ、将来、保険金又は解約返戻金を受領した場合は、保護の実施機関の定めた金額を返還する必要があります。

⑨ 預貯金や現金は、最低生活費の 1 カ月分を超える場合は保護を利用することはできませんが、最低生活費の半額以内とか 1 カ月分以下の場合はその金額分の保護費が減額されるものの保護を利用することができます。

⑩ 交通事故の賠償金を受け取った場合は、保護の実施機関に申告し実施機関の決定した金額を返還する必要があります。しかし、その世帯

の自立を著しく阻害すると認められる場合は、一定額を控除して返還額を決定することもできるとされています。

⑪　ローン完済前の住宅を保有している場合は原則として保護の利用はできません。しかし、金融機関がローンの返済を猶予している場合や返済期間が短期で支払金額も少額の場合には保護の利用が認められる場合があります。

Q23 最低生活費の認定は、どのようにするのですか

1 最低限度の生活とは

(1) 最低限度の生活について、生活保護法第3条は「この法律により保障される最低限度の生活は、健康で文化的な生活水準を維持することができるものでなければならない」としていますが、この規定は、憲法25条1項の「すべて国民は、健康で文化的な最低限度の生活を営む権利を有する」とした生存権の規定を根拠とするものです。つまり、最低限度の生活とは、「健康で文化的な生活水準を維持することができるもの」をいいます。

(2) 「健康で文化的な生活水準」について生活保護法第8条は次の通り規定していますが、結局、その基準は、「厚生労働大臣の定める基準」によることとされています。
① 保護は、厚生労働大臣の定める基準により測定した要保護者の需要を基とし、そのうち、その者の金銭又は物品で満たすことのできない不足分を補う程度において行うものとする。
② 前項①の基準は、要保護者の年齢別、性別、世帯構成別、所在地域別その他保護の種類に応じて必要な事情を考慮した最低限度の生活の需要を満たすに十分なものであって、かつ、これを超えないものでなければならない。

(3) 憲法25条1項に規定する「健康で文化的な最低限度の生活を営む権利」について、最高裁判所昭和42(1967)年5月24日判決は、次のように述べています。
「憲法25条1項は、すべての国民が健康で文化的な最低限度の生活を営みうるように国政を運営すべきことを国の責務として宣言したにとど

まり、直接個々の国民に対して具体的権利を賦与したものではない。具体的権利としては、憲法の規定の趣旨を実現するために制定された生活保護法によって、はじめて与えられているものである。(中略) したがって、なにが健康で文化的な最低限度の生活であるかの認定判断は、厚生大臣の合目的的な裁量に任されており、その判断は、当不当の問題として政府の政治責任が問われることがあっても、ただちに違法の問題を生ずることはない。」

この判決は傍論として述べたものですが、この理屈によると、憲法に保障した生存権はないに等しいことになってしまいます。

2 最低生活費の認定の実務

(1) 最低生活費の認定は、生活保護法第8条で「厚生労働大臣の定める基準」によることとされていますが、その実務は、厚生労働省の告示・事務次官通知・局長通知・課長通知その他の多数の通知によって処理されています。生活保護の金額は、要保護者の世帯の最低生活費と要保護者の世帯の総収入（賃金、年金、親族による援助その他の収入）とを比較し、要保護者世帯の収入が最低生活費に満たない場合に、その不足分が保護費となります。

　　保護費（不足分）＝要保護者世帯の最低生活費－要保護者世帯の総収入

(2) 最低生活費の認定は、要保護者の年齢別、性別、世帯構成別、所在地域別その他の保護の種類に応じた必要な事情を考慮するほか、要保護者の健康状態その他の個人又は世帯の実際の相違を考慮して認定することとされています。最低生活費は、①経常的最低生活費（食費、衣類、電気、ガス、水道の費用のような日常生活に必要な経常的な一般生活費）と②臨時的最低生活費（出産、入学、入院のような一時扶助費）に分けて認定されます。

(3) 経常的最低生活費は、要保護者の衣食その他の月々の経常的な最低生活の需要のすべてを満たすための費用として認定するものであり、被保護者は、経常的最低生活費の範囲内において、通常予測される生活需要はすべてまかなうべきものであるとしています。更に、保護の実施機関

は、保護の実施に当たり被保護者がこの趣旨を理解し自己の生活の維持向上に努めるよう指導することとしています。

(4) 臨時的最低生活費（一時扶助費）は、次に掲げる特別の需要のある者について、最低生活に必要不可欠な物資を欠いていると認められる場合であって、これらの物資を支給しなければならない緊急やむを得ない場合に限り臨時的に認定するものであるとしています。
　① 出産、入学、入退院等による臨時的な特別の需要（例えば、産着、おむつ、学童服の購入費用）
　② 日常生活の用事のできない長期療養者について臨時的に生じた特別の需要（例えば、紙おむつの購入費）
　③ 新たに保護開始をする際等に最低生活の基盤となる物資を欠いている場合の特別の需要（例えば、寝具類、台所用品の購入費）

(5) 最低生活費の認定に際してはＱ５の１の(3)に述べた「級地」基準が適用されます。級地は、全国を６区分にして支給額に差を付けています（付録７参照）。

Q24 扶養義務者は、どのように扱われますか

1 扶養義務者の取り扱い

(1) 要保護者に扶養義務者がある場合には、扶養義務者に扶養及びその他の支援を求めるよう要保護者を指導するとともに、民法上の扶養義務の履行を期待できる扶養義務者のある場合は、その扶養を保護に優先させることとしています（生活保護法第4条2項）。この民法上の扶養義務は、法律上の義務ではあるものの、これを直ちに法律に訴えて法律上の問題として取り運ぶことは扶養義務の性質上なるべく避けることが望ましいので、努めて当事者間における話し合いによって解決し、円満裡に履行させることを本旨として取り扱うこととしています（次官通知）。

　生活保護法第4条2項は、民法に規定する扶養義務者の扶養は、生活保護に優先して行われるとしていますが、扶養義務者の扶養のないことが保護開始の要件ではありません。

(2) 扶養義務者の存否の確認について、保護の申請があった場合は、要保護者の扶養義務者のうち次に掲げる者の存否を速やかに確認することとし、この場合には、要保護者からの申告によるものとし更に必要がある場合には戸籍謄本等により確認するとしています（局長通知）。
　① 絶対的扶養義務者（親子のような直系血族、兄弟姉妹、配偶者）
　② 相対的扶養義務者（おじ・おば・ひ孫のような3親等内の親族）のうち、
　　(a) 現に要保護者又はその世帯に属する者を扶養している者
　　(b) 過去に要保護者又はその世帯に属する者から扶養を受ける等の特別の事情があり、かつ、扶養能力があると推測される者

(3) 民法は、絶対的扶養義務者について次の通り規定しています。

民法877条1項　直系血族及び兄弟姉妹は、互いに扶養する義務がある。
民法752条　　　夫婦は同居し、互いに協力し扶助しなければならない。

相対的扶養義務者については次の通り規定しています。
民法877条2項　家庭裁判所は、特別の事情があるときは、前項に規定する場合のほか、3親等内の親族間においても扶養の義務を負わせることができる。

(4) 親族間の法律上の扶養義務には、次の①生活保持義務と②生活扶助義務があります。
① 生活保持義務とは、夫婦間や親と未成熟の子との間の扶養義務をいいます。生活保持義務の内容は、自分の収入や資産を使って被扶養者に自分と同程度の生活を保障する義務をその内容とします。夫婦間や親と未成熟の子との間の関係は、扶養することがその身分関係の本質的な要素となっているのです。
② 生活扶助義務とは、民法877条1項の「直系血族及び兄弟姉妹は、互いに扶養する義務がある」との規定に基づく親族間の扶養義務をいいます。生活扶助義務は、被扶養者が何らかの事情で生活不能となった場合に、扶養義務者が自分の地位相応の生活を維持して、なお余裕がある場合に、その範囲で援助をする義務なのです。例えば、子が老親を扶養する義務は、生活保持義務ではなく生活扶助義務となります。老親が子に扶養を請求する場合は、家庭裁判所の家事調停・家事審判の手続による必要がありますが、家庭裁判所の審判が確定した場合でも子に資力がない場合は、強制執行をしても無駄に終わります。

2　扶養義務者の調査・通知・報告の実務

(1) 扶養能力の調査については、保護の実施機関の把握した扶養義務者について、その職業、収入等につき要保護者その他により聴取する等の方法により、扶養の可能性を調査します。調査に当たっては、金銭的な扶

養の可能性のほか、被保護者に対する定期的な訪問・架電・書簡のやり取り、一時的な子どもの預かり等の精神的な支援の可能性についても確認をすることとしています。

(2) 扶養義務者への通知については、保護の実施機関は、扶養義務者が民法の規定による扶養義務を履行していないと認められる場合は、その扶養義務者に対して要保護者の氏名と保護開始の申請日を記載した書面で通知をすることとしています（生活保護法第24条8項）。保護開始の申請をした要保護者について保護開始の決定をしようとする場合は、要保護者の扶養義務者に対する扶養能力の調査によって扶養義務者の負担すべき費用の徴収を行う蓋然性が高いなど、明らかに扶養義務を履行することが可能と認められる扶養義務者が民法に定める扶養義務を履行していない場合には、要保護者の氏名と保護開始の申請日を記載した書面により保護開始決定をするまでの間に通知することとしています。ただし、通知をすることが適当でないとして厚生労働省令で定める場合は除かれます。例えば、通知により保護申請者の自立に重大な支障を及ぼすおそれがる場合は通知はなされません。

(3) 保護の実施機関は、保護の決定や実施等に必要がある場合は、要保護者の扶養義務者に対して報告を求めることができます（生活保護法第28条2項）。

Q25 収入の認定は、どのようにするのですか

1 収入に関する申告と調査の実務（事務次官通知）

(1) 要保護者が保護の開始又は変更の申請をした場合のほか、次のような場合に要保護者の収入に関し申告を行わせることとしています。
   ① 保護の実施機関において収入に関する定期又は随時の認定を行おうとする場合
   ② その世帯の収入に変動があったことが推定され又は変動のあることが予想される場合

(2) 収入に変動がある場合の申告については、あらかじめ被保護者に申告の要領、手続等を十分理解させ、つとめて自主的な申告を励行させることとしています。
   収入に関する申告は、収入を得る関係先、収入の有無、程度、内訳等について行わせるものとし、保護の目的達成に必要な場合においては、その申告を書面で行わせることとしています。この場合にこれらの事項を証明すべき資料があれば、必ずそれを提出させることとしています。

(3) 収入の認定に当たっては、上記によるほか、その世帯の預金、現金、動産、不動産等の資産の状況、世帯員の生活歴、技能、稼働能力等の状況、社会保険その他社会保障的施策による受給資格の有無、扶養義務者又は縁故者等からの援助及びその世帯における金銭収入等のすべてについて綿密な調査を行い、必要に応じて関係先につき調査を行う等収入源について直接に把握することとしています。

2 収入額の認定の原則（事務次官通知）

(1) 収入額の認定は、月額によることとし、この場合において、(a)収入が

ほぼ確実に推定できる場合は、その額により、(b)そうでない場合は、前3カ月間程度における収入額を標準として定めた額により、(c) 数カ月若しくはそれ以上の長期間にわたって収入の実情につき観察することを適当とする場合は、長期間の観察の結果により、それぞれ適正に認定することとしています。

(2) 勤労（被用）収入については、官公署、会社、工場、商店等に常用で勤務し、又は日雇その他により勤労収入を得ている者では、基本給、勤務地手当、家族手当及び超過勤務手当等の収入総額を認定することとしています。この場合の勤労収入を得るための必要経費としては、基礎控除額表によるほか、社会保険料、所得税、労働組合費、通勤費等の実費の額を認定することとしています。

(3) 農業収入については、農業により収入を得ている者では、すべての農作物につき調査をし、その収穫量に基づいて認定することとしています。農業収入を得るための必要経費としては、基礎控除額表によるほか、生産必要経費として小作料、農業災害補償法による掛金、雇人費、農機具の修理費、少額農具の購入費、納屋の修理費、水利組合費、肥料代、種苗代、薬剤費等についてその実際必要額を認定することとしています。

(4) 農業以外の事業（自営）収入については、農業以外の事業（固定的な内職を含む）により収入を得ている者では、その事業の種類に応じて、実際の収入額を認定し、又はその地域の同業者の収入の状況、その世帯の日常生活の状況等から客観的根拠に基づいた妥当性のある認定を行うこととしています。この場合の必要経費については、基礎控除額表によるほか、その事業に必要な経費として店舗の家賃、地代、機械器具の修理費、店舗の修理費、原材料費、仕入代、交通費、運搬費等の諸経費についてその実際必要額を認定することとしています。ただし、家賃、地代等の額に住宅費を含めて処理する場合には住宅費にこれらの費用を重ねて計上しないこととしているほか、下宿間貸業で家屋が自己の所有でなく家賃を必要とする場合は、下宿間貸代の範囲内において実際家賃を認

定して差し支えないとしています。

(5) 不安定な就労による収入（知人・近隣等よりの臨時的な報酬の性質を有する少額の金銭その他少額かつ不安定な稼働収入）については、その額（受領するために交通費を要した場合はその必要経費を控除した額）が、月額15,000円を超える場合は、その超える額を収入として認定することとしています。

(6) 年金、恩給、失業保険金その他の公の給付（自治体又はその長が条例又は予算措置により定期的に支出する金銭を含む）については、その実際の受給額を認定することとしています。ただし、次に該当する額については除かれます。
① 災害等で損害を受けたことによる補償金等で自立更生に当てられる額
② 社会的障害者に自治体が定期的に支給する月額8千円以内の額
③ 心身障害者扶養共済制度により自治体から支給される年金
　年金・恩給等の収入を得るために必要な経費として、交通費、所得税、郵便料等を要する場合又は受給資格の証明のために必要とした費用がある場合は、その実際必要額を認定することとしています。

(7) 仕送り、贈与等による収入については、社会通念上収入として認定することを適当としないもの（例えば、葬儀の際の香典）のほかは、すべて認定することとしています。仕送り、贈与等による主食・野菜・魚介は、その量について農業収入又は農業以外の事業収入の認定の例により金銭に換算した額を認定することとしています。これらの収入を得るために必要な経費として、これを受領するための交通費等を必要とする場合は、その実際必要額を認定することとしています。

(8) 財産収入（田畑、家屋、機械器具等を他に利用させて得られる地代、小作料、家賃、間代、使用料等の収入）については、その実際の収入額を認定することとしています。家屋の補修費、地代、機械器具等の修理費、その他

財産収入をあげるために必要とする経費については、最小限度の額を認定することとしています。

⑼　不動産又は動産の処分による収入、保険金その他の臨時的収入については、その額（受領するための必要経費を控除した額）が世帯合算月額8,000円を超える場合は、その超える額を収入として認定することとしています。

⑽　収入として認定しないものの例は次の通りです。
　①　社会事業団体その他（自治体とその長を除く）から被保護者に対して臨時的に恵与された慈善的性質を有する金銭であって、社会通念上収入として認定することが適当でないもの
　②　出産、就職、結婚、葬祭等に際して贈与される金銭であって、社会通念上収入として認定することが適当でないもの
　③　自立更生を目的として恵与される金銭のうち被保護世帯の自立更生のために当てられる額
　④　災害等によって損害を受けたことにより臨時的に受ける補償金、保険金又は見舞金のうち被保護世帯の自立更生のために当てられる額
　⑤　死亡を支給事由として臨時的に受ける保険金のうち被保護世帯の自立更生のために当てられる額

Q26 医療扶助の決定は、どのように行われるのですか

1 医療扶助の申請

(1) 現に生活保護法による保護を受けていない者が、医療扶助のみ又は医療扶助と同時に他の扶助の開始を申請する場合には、保護申請書の一般的な記載事項のほか、申請の事由欄にその傷病の部位、発病時期、病状、社会保険の被保険者又は被扶養者の資格の有無、後期高齢者医療制度の被保険者資格の有無その他の参考事項を記載して福祉事務所長あてに提出します。医師の診断書の添付は必要ありませんが、福祉事務所長の指定する医療機関で検診を受ける必要があります。

(2) 医療扶助以外の扶助を受けている者が、医療扶助を申請する場合には、「保護変更申請書(傷病届)」に必要事項を記入して福祉事務所長あてに提出します。被保護者である患者が急迫した状況にあるため医療券の発行をする余裕がない場合は、福祉事務所長は、指定医療機関に状況を説明して医療券を発行しないで医療給付を行うことができます。

(3) 医療扶助の開始の申請があった場合は、申請者の実情に応じて医療要否意見書、精神疾患入院要否意見書その他の意見書に福祉事務所又は町村の担当員が必要事項を記載のうえ申請者に対してこれらの取り扱いについて説明し、速やかに指定医療機関で必要事項の記入を受け福祉事務所長又は町村長に提出することとしています。ただし、次例のような場合は各要否意見書の提出を求める必要はないとしています。
① 収入、資産等の状況により被保護者とならないことがほぼ明らかな場合
② 必要な給付がすべて他法の施策による行われることが明らかな場合
③ 被保護者が医療扶助の併給開始又は変更申請を行った場合で、病状

の悪化等により明らかに入院医療の必要が認められ、かつ、活用すべき他法の施策がないと判断される場合

2 医療扶助の決定

(1) 福祉事務所長は、医療扶助に関する決定をしようとする場合には次の事項に留意することとしています。

① 医療扶助の開始時期は、原則として保護申請書又は保護変更申請書（傷病届）の提出のあった日以降において医療扶助を適用する必要があると認められた日とすること

② 要保護者の医療につき医療扶助に優先して活用されるべき他法の施策による給付の有無を調査確認し、これがあると判断される場合は、要保護者に対してこれを活用すべきことを指導するとともに他法の施策の運営実施を管理する機関に連絡して要保護者に対する援助が適正円滑に行われるよう配意すること

③ 一般入院要否判定基準として、入院医療は、居宅では医療の目的を達しがたいと認められる場合に限り認められることとしています。入院医療が認められる場合の例としては次の場合があります。

　ア 手術後、身体の動揺を避けなければならない必要がある場合
　イ 朝夕数回にわたる専門技術的処置又は手術を必要とする場合
　ウ 症状が相当重く、しばしば病状を診察して経過を観察する必要がある場合
　エ 特に厳密な食餌療法その他病院固定の設備をしばしば利用する特殊な療法を施す場合
　オ 病状により特に居宅療法ではその効果をもたらすことが困難な場合

④ 訪問看護要否判定基準として、訪問看護は、疾病又は負傷により居宅において継続して療養を受ける状態にある者に対し、その者の居宅において看護師等が行う療養上の世話又は診療の補助を必要とする場合に限り認められることとしています。介護保険での要介護者又は要支援者に対する訪問看護は介護保険の給付が優先されるので、医療扶助は急性憎悪時の訪問看護、末期がん等に対する訪問看護に限られま

す。
⑤　救護施設、更生施設、養護老人ホーム、特別養護老人ホーム、介護老人福祉施設の入所者の医療については原則とは医療扶助は適用されませんが、当該施設においては措置できない場合には医療扶助が適用されます。

(2)　医療扶助による診察、薬剤（調剤を除く）、医学的処置、手術等の診療の給付は、次の通り福祉事務所長が「医療券」を発行して行うこととしています。
　①　医療券の発行の単位は、歴月を単位として発行するものとし、診療の給付が月の中途を始期又は終期する場合は、それにより有効期間を記載した医療券を発行するものとします。
　②　医療券は、福祉事務所において所要事項を記載し福祉事務所長印を押印したものをもって有効とするものとしています。
　③　医療券の交付に当たっては、次の点に留意させることとしています。
　　　ア　医療券を所定の医療機関に提出して医療を受けること
　　　イ　医療券の有効期間内に医療を受けること
　　　ウ　治療が終わった場合又は診療を中止した場合は、速やかにその旨を福祉事務所に届け出ること

(3)　福祉事務所長は、医療扶助の開始、変更、停止（一時止めること）、廃止（打ち切り）を決定した場合は、それらの決定の通知書を被保護者に送付します。申請を却下した場合は、申請者に却下の決定の通知書を送付します。

Q27 介護扶助の決定は、どのように行われるのですか

1 介護扶助の基本的考え方

(1) 介護扶助は、困窮のため最低限度の生活を維持することのできない介護保険制度の要介護者と要支援者に対して介護保険制度の給付と同等の給付を現物給付することにより扶助するものです。介護保険制度のサービスを利用した場合は一定の自己負担がありますが介護扶助の対象として無料となり、介護保険料相当額は生活扶助に加算されます。

(2) 介護保険制度の被保険者(加入者)は、①65歳以上の第1号被保険者と②40歳以上65歳未満の医療保険制度に加入している第2号被保険者に分かれています。第1号被保険者では介護や支援が必要となった原因は問いませんが、第2号被保険者では特定疾病(例えば、関節リウマチ、脳血管疾患その他の特定の16種類の疾病)により介護や支援が必要になった場合にのみ介護保険のサービスが受けられるとしています。介護保険制度では、最も介護の必要な程度を要介護5として要介護1までの5段階と、要支援2・要支援1の全部で7段階に区分して自治体の介護認定審査会で認定することとしています。

(3) 介護保険の被保険者資格のない者(介護保険に加入していない者)については、要介護認定や要支援認定は介護扶助の一環として生活保護制度で独自に行います。ただ、この場合の認定の実務は、各自治体に設置されている介護認定審査会に委託して行うこととしています。

2 介護扶助の申請

(1) 介護扶助の開始を申請する場合には、保護申請書の一般的な記載事項のほか、介護保険の被保険者の資格の有無、その他の参考事項を記載し

たうえ、居宅介護支援計画等の写し（被保険者が居宅介護等を申請する場合）を添付して福祉事務所長に提出します。介護保険の被保険者の場合は、居宅介護サービス計画費又は介護予防サービス計画費が保険者から給付されるからです。

(2) 介護保険の被保険者資格のない者が介護扶助の開始を申請する場合には、居宅介護支援計画等の添付は必要としません。

3 介護扶助の決定

(1) 介護扶助の決定は、次の事項に留意して行われます。
   ① 介護扶助を適用すべき期日は、原則として保護申請書又は保護変更申請書の提出のあった日以降において介護扶助を適用する必要があると認められた日とします。
   ② 居宅介護等の介護扶助の程度は、介護保険法に定める居宅介護サービス費等の基準の範囲内であるので、これらの基準を超える介護サービスについては、全額自己負担となることから利用を止めるよう指導することとしています。
   ③ 特定施設入居者生活介護、認知症対応型共同生活介護、地域密着型特定施設入居者生活介護、介護予防特定施設入居者介護、介護予防認知症対応型共同生活介護については、入居に係る利用料が住宅扶助により入居できる額に限られるものであるので留意することとしています。
   ④ 他の市町村の地域密着型サービス等（例えば、夜間対応型訪問介護、認知症対応型通所介護）の介護保険被保険者の利用は、その地域密着型サービス等を行う事業者について、その被保護者を被保険者とする市町村の指定を受けている場合に限られます。また、被保険者以外の者についても、被保険者に準じた範囲とされます。

(2) 介護扶助は、①福祉用具等、②住宅改修等、③移送を除いて、「介護券」を発行して行うこととしています。福祉事務所は、介護扶助を決定した指定介護機関に対して介護券を送付します。介護券は、歴月を単位

として発行するものとし、介護の給付が月の中途を始期又は終期とする場合は、それによる有効期間を記載した介護券を発行します。介護券は、福祉事務所において所要事項を記載し福祉事務所長印を押印したものをもって有効とするものとしています。

⑶　福祉事務所長は、介護扶助の開始、変更、停止、廃止を決定した場合は、それらの決定の通知書を被保護者に送付します。申請を却下した場合は、申請者に却下の決定の通知書を送付します。

第5章●
生活保護の各種の処分への不服申立は、どうするのですか

Q28
処分に対する不服申立とは、どういう制度ですか

1 処分とは

(1) 生活保護申請書を保護の実施機関（福祉事務所長その他）に提出しても申請そのものを却下（申請を認めない決定）をする場合がありますが、この場合の却下のような決定を「処分」とか「行政処分」といいます。処分（行政処分）とは、福祉事務所長のような行政庁（自治体のような行政主体のために意思決定をする権限を有する行政機関）が法令の規定に基づいて国民の権利義務を発生させ、法律上の効果を発生させる行為をいいます。生活保護法に基づく処分の例には、保護開始の申請や変更の申請に対する却下の処分、既に受けている保護の停止（一時的な支給停止）や廃止（打ち切り）の処分があります。

(2) 行政庁の処分（行政処分）に対する不服申立の一般法としては「行政不服審査法」がありますが、行政不服審査法では不服申立の対象となる行為を「行政庁の違法又は不当な処分その他公権力の行使に当たる行為」としています（行政不服審査法1条1項）。公権力の行使とは、自治体や国のために意思決定をする権限を有する行政庁が国民に対し命令し強制する行為をいいます。生活保護の開始申請を福祉事務所長が却下する行為は、公権力の行使である処分に当たります。福祉事務所長の処分（例えば、却下の処分）に不服がある場合は、①都道府県知事に対してする審査請求と、②審査請求をした後の福祉事務所長の処分の取消訴訟の手段があります。ただ、実務上は、却下の処分に対して審査請求をした場合でも、却下の理由を補正して再度の保護申請をすることが大切です。

2 処分に対する不服申立の種類

(1) 処分に対する不服申立の種類には、行政不服審査法による①審査請求

と②再審査請求があります。その他には、裁判上の手続として、③処分の取消訴訟の提起や④国家賠償法による国家賠償請求訴訟の提起があります。

① この場合の審査請求とは、処分をした行政庁（行政機関）の上級行政庁である都道府県知事へ申立をする不服申立をいいます。例えば、都道府県の出先機関の福祉事務所長のした行政処分や中核市の市長のした行政処分に対して都道府県知事に対して審査請求をする場合です（生活保護法第64条）。

② この場合の再審査請求とは、審査請求に対する裁決（都道府県知事のなした結論のこと）に不服がある場合に、更に上級の行政庁である厚生労働大臣に対して不服申立をすることをいいます（生活保護法第66条）。

③ 処分の取消訴訟とは、行政庁の違法な処分について裁判所にその処分の取消を求める訴訟をいいます（行政事件訴訟法3条2項）。

④ 国家賠償請求訴訟とは、民事訴訟により生存権が侵害された損害の回復を図る訴訟をいいます（国家賠償法1条1項）。

(2) 行政庁の不作為（何らの処分をしない場合）についても処分性が認められますから、不服申立をすることができます。保護申請に対する行政庁の不作為については、生活保護法第24条7項で「保護の申請をしてから30日以内に第3項の通知（保護の要否その他の処分結果の通知）がないときは、申請者は、保護の実施機関が申請を却下したものとみなすことができる」と規定していますから、都道府県知事に対して、申請者は、審査請求をすることができます。

3　処分庁の不服申立のできる旨の教示

(1) 行政庁（例えば、福祉事務所長）は、行政不服審査法による審査請求をすることができる処分をする場合には、処分の相手方（例えば、保護開始の申請者）に対して、①その処分について不服申立をすることができる旨、②不服申立をすべき行政庁名（不服申立先）、③不服申立をすることができる期間を書面で教示（教えること）をする必要があります（行政不服審査法82条1項）。

例えば、保護開始申請に対して、A県の出先の福祉事務所長が却下の処分をした場合は、却下の通知書に次例のような「教示」がなされます。

「この処分に不服があるときは、この処分があったことを知った日の翌日から起算して3カ月以内に、A県知事に対して審査請求をすることができます。」

審査請求のできる期間は、「処分があったことを知った日の翌日から起算して3カ月以内」とされています（行政不服審査法18条1項）。

(2) 処分の取消訴訟については、行政庁（例えば、福祉事務所長や知事）は、処分の取消訴訟を提起することができる処分又は裁決をする場合は、その処分又は裁決の相手方に対して次に掲げる事項を書面で教示する必要があります（行政事件訴訟法46条1項）。
① その処分又は裁決に係る取消訴訟の被告とすべき者
② その処分又は裁決に係る取消訴訟の出訴期間（訴え提起のできる期間）
③ 法律に、その処分についての審査請求に対する裁決を経た後でなければ処分の取消の訴えを提起することができない旨の定めがある場合は、その定めがある旨

例えば、保護開始申請に対してA県の出先の福祉事務所長が却下の処分をした場合は、却下の通知書に上記の行政不服審査法による教示とともに処分の取消訴訟についても次例のような教示がなされます。

「この処分の取消を求める訴えは、審査請求に対する裁決を経た後、その裁決があったことを知った日の翌日から起算して6カ月以内に、A県を被告として提起することができます。」

4　却下の処分通知書の記載例

(1) 保護開始申請に対する却下の処分通知書の書式は各自治体で決めていますが、次例のような理由不備の通知書が送付される場合も多いのです。申請に対する拒否処分の理由は、行政手続法8条によって拒否処分と「同時に」適法に理由を明示する必要があるとされています。次の記載例は、保護開始の申請に対して、A県の出先の福祉事務所長が却下の処分をした場合の例です。

(却下の通知書の記載例)

福祉第〇〇〇号
平成〇年〇月〇日

〇〇〇〇　様

A県〇〇福祉事務所長　（公印）

保護申請却下通知書

平成〇年〇月〇日付けで申請のあった生活保護法による保護については、下記の理由により保護できないので却下します。

記

1　却下の理由
　　稼働能力の活用により、保護を要しないと認められるため申請を却下します。
2　この通知が申請書受理後14日を経過した理由
　　関係資料の提出が遅延したため

　教示　この処分に不服があるときは、この処分があったことを知った日の翌日から起算して3カ月以内に、A県知事に対して審査請求をすることができます。
　この処分の取消を求める訴えは、審査請求に対する裁決があったことを知った日の翌日から起算して6カ月以内にA県を被告として提起することができます。処分の取消の訴えは、審査請求に対する裁決を経た後でなければ提起することができないこととされていますが、①審査請求があった日の翌日から起算して50日を経過しても裁決がないとき、②処分、処分の執行又は手続の続行により生ずる著しい損害を避けるため緊急の必要があるとき、③その他裁決を経ないことにつき正当な理由があるときは、裁決を経ないでも処分の取消の訴えを提起することができ

ます。

以上

(2) 上例の「却下の理由」は、単に「稼働能力の活用により」とするだけで、却下の理由が具体的に明示されていないので、行政手続法8条に違反する違法な処分と考えられます。「却下の理由」は、審査請求をするための必須の事項ですから、具体的に明示する必要があるのです。しかし、生活保護の行政実務では、上例のように「稼働能力の活用により」といった具体的な理由を明示しない場合があります。却下とは、保護申請が法律に規定する要件を満たしていないという意味ですから、どの要件を満たしていないのか具体的に明示する必要があるのです。たとえ「稼働能力」があったとしても、現実に仕事がなく収入のない場合は保護開始の必要があるのです。このような違法な処分を許さないためにハローワークで求職活動をした証拠を残すことも大切です。

(3) 保護開始が決定した場合でも支給額に疑問がある場合は、各自治体の個人情報保護条例を活用して自分の保護記録、支給額の計算記録、内訳書その他の一切の関連文書の開示請求をして、文書の閲覧をして必要な文書の写しの交付を受けます。閲覧は無料ですが、写しの交付には1枚10円のコピー代が必要です。開示請求をする場合も閲覧をする場合も身分証明書（例えば、運転免許証、個人番号カード）を持参する必要があります。

Q29 不服申立書は、どのように作成するのですか

1 不服申立書（審査請求書）の作成

(1) 生活保護申請に関する主な不服申立には、保護の実施機関（福祉事務所長その他）への保護開始申請に対する却下の処分、既に受けている保護の停止（一時的な支給停止）、保護の廃止（打ち切り）のような処分に対する審査請求があります。

(2) 審査請求書の書き方は決まっていませんが、記載する必要のある事項は次の通りとされています（行政不服審査法19条2項）。
① 審査請求人の氏名又は名称及び住所又は居所
② 審査請求に係る処分の内容
③ 審査請求に係る処分があったことを知った年月日
④ 審査請求の趣旨及び理由
⑤ 処分庁の教示の有無及びその内容
⑥ 審査請求の年月日

(3) 審査請求書の作成の仕方も決まっていませんが、一般にＡ4サイズの用紙に横書き・片面印刷にします。手書きの場合は鉛筆書きで清書をした後、コンビニでコピーをするのが無難です。提出方法は郵送でもかまいません。

2 審査請求書の記載例

(1) 審査請求書の書式は決まっていませんが、一般に次の記載例のように作成します。（記載例）

審査請求書

平成○年○月○日

A県知事　殿

　　　　　　　審査請求人　〒000-0000　A県○郡○町○○番地
　　　　　　　　　　　　　○○○○　（印）

行政不服審査法に基き下記の通り審査請求をする。

記

1　審査請求に係る処分
　　A県○○福祉事務所長が行った平成○年○月○日付福祉第○○○号文書による生活保護開始申請に対する却下処分
2　審査請求に係る処分があったことを知った年月日
　　平成○年○月○日
3　審査請求の趣旨
　　「上記1記載の処分を取り消す。」との裁決を求める。
4　審査請求の理由
　(1)　本件処分は憲法25条及び生活保護関係法令に違反した違法な処分であるから、本件処分を取り消す必要がある。
　(2)　本件処分は、生活保護法に規定する却下の理由には該当しないのに、該当するとした誤った違法な処分である。
　(3)　本件処分通知書の「却下の理由」には、適法に処分理由が明示されていないので、行政手続法第8条の規定に違反し本件処分は無効である。
　(4)　（以下に具体的に最低生活もできない理由や却下処分についての不服を箇条書きにします）
5　処分庁の教示の有無及びその内容
　　「この処分について不服があるときは、この処分があったことを知った日の翌日から起算して3カ月以内に、A県知事に対して審査請求をすることができます。」との教示があった。

以上

(2) 上例の審査請求書の作成で注意することは次の通りです。
　① 書面の表題は「審査請求書」とします。
　② 2行目の審査請求の年月日は書面の作成日又は郵送日を記載します。
　③ 3行目の宛先は都道府県知事とし、郵便の場合の封筒の宛先も同様にします。知事の住所は都道府県庁の所在場所とします。知事の氏名の記載は不要です。
　④ 4行目の審査請求人は、個人の住所・氏名を記載して押印（認め印）をします。
　⑤ 上記1の「審査請求に係る処分」は、却下処分その他の処分を特定できるように処分通知書の日付と文書番号を記載します。
　⑥ 上記2の「審査請求に係る処分があったことを知った年月日」は、処分通知書を受け取った年月日を記載します。
　⑦ 上記3「審査請求の趣旨」には上例のように「裁決を求める」と記載します。
　⑧ 上記4の「審査請求の理由」には上例では却下処分を違法とする理由を記載します。行政手続法8条は、行政庁（この場合は福祉事務所長）は、申請により求められた処分を拒否する処分をする場合は、申請者に対し、同時に、当該処分の理由を示さなければならないと規定していますから、福祉事務所長は、却下処分と同時に適法に理由を示す必要があるのです。
　⑨ 上記5の「処分庁の教示の有無及びその内容」は、処分通知書に記載された通りに記載します。教示がなかった場合は「処分庁の教示はなかった」と記載します。
　⑩ 審査請求人の主張を立証（証明）する証拠書類を提出する必要はありませんが、証拠書類を添付して提出することもできます。その場合には、「6　添付書類」として添付書類の表題を記載し、そのコピーを添付します。

Q30 不服申立書は、どのように処理されるのですか

1 審査請求書（不服申立書）の処理の主な流れ
(1) 不服申立書（審査請求書）は、行政不服審査法の規定によって処理されますが、平成28年4月に施行された改正後の行政不服審査法の主な変更点は次の通りです。
① 旧法の異議申立の制度は廃止され「審査請求」に一元化された。
② 旧法の審査請求期間の60日以内が「3カ月以内」に延長された。
③ 審査請求の審理は行政処分に関係しない職員（審理員）が審査請求人と処分庁の主張を聞いて公正に審理することとした。
④ 審査庁は、処分庁に上級行政庁がある場合は最上級行政庁を審査庁とし、上級行政庁がない場合は処分庁を審査庁とした。
⑤ 審査庁の裁決について有識者からなる第三者機関が点検をします。
⑥ 審査請求人の権利が拡大され関係書類の閲覧や謄写が可能となった。
⑦ 審査請求人の口頭による意見陳述で処分庁への質問が可能となった。

(2) 審査請求書の処理の主な流れは次の通りとなります。
① 審査請求人から審査庁に審査請求書を提出します。
② 審査庁は、審査庁の指名した審査員に審査請求書を送付します。
③ 審査庁が審査員を指名した場合は、審査請求人と処分庁に通知します。
④ 審査員は、審査請求の審理を担当しますが、主な業務は次の通りです。
　ア 審査請求書の処分庁への送付
　イ 処分庁への弁明書の提出要求
　ウ 弁明書の審査請求人への送付と反論書の提出要求
　エ 証拠書類や証拠物の提出期限の設定

オ　書類その他の物件の提出要求
　　　カ　参考人への陳述や鑑定の要求
　　　キ　審理関係人への質問
　　　ク　裁決に関する意見書の作成と審査庁への提出
　⑤　審査庁は第三者機関（行政不服審査会）に諮問をして答申を得ます。
　⑥　審査庁は第三者機関の答申後、遅滞なく裁決を行います。

2　生活保護法に規定する審査請求と再審査請求

(1)　生活保護法の規定に基づいて保護の実施機関（福祉事務所長その他）の行った保護開始申請の却下処分、保護の停止や廃止の処分については、行政不服審査法18条1項の規定により処分のあったことを知った日の翌日から起算して3カ月以内に上級行政機関の知事に対して審査請求をすることができます。この審査請求に対する裁決は、審査請求から50日以内にする必要があります（生活保護法第65条1項）。行政不服審査法62条は、処分庁は、不服申立のできる処分をする場合には、処分の相手方に対して次の事項を書面で教示する必要があるとしています。
　①　その処分について不服申立をすることができる旨
　②　不服申立をすべき行政庁
　③　不服申立をすることができる期間

(2)　知事への審査請求に対する裁決に不服がある場合の厚生労働大臣への再審査請求は、行政不服審査法62条の規定により審査請求についての裁決があったことを知った日の翌日から起算して1カ月以内にする必要があります。再審査請求に対する裁決は、再審査庁が、再審査請求から70日以内にする必要があります（生活保護法第66条2項）。

(3)　保護の実施機関は、生活保護法第19条により次の4種類がありますが、①の審査庁は厚生労働大臣で再審査庁はありません。②③④の審査庁は知事で、再審査庁は厚生労働大臣となります。
　①　都道府県知事
　②　市長

③　福祉事務所を管理する町村長
④　上記の実施機関から委任を受けた福祉事務所長

Q31 不服申立の結論に不服がある場合の訴訟の提起は、どうするのですか

1 審査請求前置主義

(1) 行政庁（福祉事務所長その他の保護の実施機関）の申請拒否の処分に不服がある場合は、行政不服審査法による不服申立（審査請求）をすることができますが、不服申立とは別にその拒否処分の取消訴訟を提起することができます。しかし、生活保護法第69条は、特例として「この法律の規定に基き保護の実施機関又は支給機関がした処分の取消の訴えは、当該処分についての審査請求に対する裁決を経た後でなければ、提起することができない」と規定しています。この特例を「審査請求前置主義」といいます。

(2) 審査庁（知事）の裁決を経た後は、厚生労働大臣に対しての再審査請求をすることもできるし、原処分（当初の福祉事務所長その他の保護の実施機関の拒否処分）の取消訴訟を提起することもできます。この両方を同時並行して行うことができます。処分の取消訴訟は当初の原処分の取消を求めるものであって、審査請求の裁決の取消を求めるものではありません。

2 処分の取消訴訟

(1) 処分の取消訴訟とは、行政庁の処分その他公権力の行使に当たる行為（これを行政処分といいます）の取消を求める行政事件訴訟法に規定する特別の訴訟をいいます（行政事件訴訟法3条2項）。処分庁（例えば、福祉事務所長）の原処分（当初の拒否処分）自体の取消を求める訴訟なのです。行政不服審査法の対象は、「行政庁の違法又は不当な処分」（法令に違反する処分又は法令には違反しないが公益に反する処分）とされていますが（行政不服審査法1条1項）、取消訴訟の対象は、「違法な処分」に限られます。

(2) 行政庁は、取消訴訟を提起することができる処分や裁決をする場合には、処分や裁決の相手方に対して次の事項を書面で教示する必要があります（行政事件訴訟法46条1項）。
　① その処分や裁決に係る取消訴訟の被告となる者
　② その処分や裁決に係る取消訴訟の訴えの提起ができる期間
　③ 法律にその処分についての審査請求の裁決を経た後でなければ処分の取消訴訟を提起することができない旨の定めがある場合は、その旨

(3) 日本の法律制度では、最終的には三審制による裁判の確定を待たなければ問題は解決しないのですが、取消訴訟を提起し行政機関が敗訴した場合は最高裁判所まで争いますから、膨大な時間と費用を必要とすることになります。従って、生活保護申請に対する拒否処分に対しては、費用のかからない審査請求をするとともに、拒否処分の理由を十分に検討して拒否処分理由に当たらない再度の保護申請をすることが大切です。

3　国家賠償請求訴訟の提起

(1) 自治体の福祉事務所の公務員のような「公権力の行使に当たる公務員」が、その職務を行うについて故意又は過失によって違法に他人に損害を加えた場合は、自治体が賠償する責任を負うこととされています（国家賠償法1条1項）。例えば、福祉事務所の公務員が嘘の説明をして申請者を騙したり、申請者の生存権を侵害するような違法な処分をした場合又は申請者の名誉を毀損した場合には、国家賠償法により自治体を被告として損害賠償請求訴訟を提起することができます。最高裁判例では、この場合に違法行為をした公務員を被告とすることはできないとされています。

(2) 保護申請に対する却下処分の取消訴訟と国家賠償請求訴訟とは性質が異なりますから、両方の訴訟を同時に提起することも可能です。処分の取消訴訟も国家賠償請求訴訟も訴訟の手続は、取消訴訟の特例を除いて通常の民事訴訟と同じになります。裁判の手数料の印紙代は、①取消訴

訟では財産権上の請求でない請求として訴訟物の価額が160万円とみなされて13,000円の印紙が必要ですが、②国家賠償請求訴訟で慰藉料を請求する場合は一般に高額の請求を認めませんから、慰謝料10万円の場合は1,000円分の印紙、慰謝料100万円の場合は1万円分の印紙で通常の民事訴訟を提起することが可能です（訴訟の手続の詳細は、本書の著者による「本人訴訟ハンドブック」（緑風出版）参照）。

付　録●

付録1　生活保護申請書の書式例

[表面]

平成　年　月　日

(宛先)　市福祉事務所長

申請者　住所

氏名　　　　　　　　㊞

保護を受けようとする者との関係＿＿＿＿＿

保　護　申　請　書

次のとおり相違ありませんので、生活保護法による保護を申請します。

保護を申請する理由（就労状況、預貯金などの状況、資産状況（土地・家屋）、親族からの金銭的な援助などについて具体的に記入してください。）

[裏面]

	人員	氏名及び個人番号	続柄	性別	生年月日	学歴	健康状態	職業・勤務先
家族の状況	1		世帯主		・・			
	2				・・			
	3				・・			
	4				・・			
	5				・・			
	6				・・			
	7				・・			
	8				・・			

現在住んでいるところ　　市　　町　　丁目　　番　　号　　番地

現在のところに住み始めた時期　　年　　月　　日

	氏　名	続柄	生年月日	住　所	職業・勤務先
家族のうち別のところに住んでいる者のようす			・・		
			・・		
			・・		

	氏　名	続柄	生年月日	住　所	今までに受けた援助及び将来の援助の見込み
援助をしてくれる者の状況			・・		
			・・		
			・・		
			・・		

(注意)
1　資産、収入などの詳細な状況及び関係先への照会の同意については、それぞれ別紙に記入してください。
2　申請者と保護を受けようとする者が異なる場合は、別紙の書類は、保護を受けようとする者が記入してください。
3　この申請書は、開始・変更のいずれの場合にも使用し、変更申請の場合は、変更に係る事項を記入してください。
4　不実の申請をして不正に保護を受けた場合、生活保護法第85条又は刑法の規定によって処罰されることがあります。

付録2　資産申告書の書式例

［表面］

資　産　申　告　書

（宛先）　　市福祉事務所長

　　　　　　　　　　　　　　　　　　　　　　　年　　月　　日

　　　　　　　　　　住所

　　　　　　　　　　氏名　　　　　　　　　　　　㊞

現在の私の世帯の資産の保有状況は、次のとおり相違ありません。

1　不動産

土地		有・無	延べ面積	所有者氏名	所　在　地	抵当権
	(1)宅　地	有・無	平方メートル			有・無
	(2)田　畑	有・無				有・無
	(3)山　林 その他	有・無				有・無

建物			有・無	延べ面積	所有者氏名	所　在　地	抵当権
	(1)居住用 有・無	持家・借家・借間		平方メートル		（家賃　　　円）	有・無
	(2)その他		有・無				有・無

2　現金・預貯金、有価証券等

現　金	有・無				円
預貯金	有・無	預金先	口座番号	口座氏名	預貯金額
					円
有価証券	有・無	種　類	額　面	評価概算額	
					円

（記入に当たっては裏面の記入上の注意をよくお読みください。）

[裏面]

	有・無	契約先	契約金	保険料
生命保険	有・無		円	円
その他の保険	有・無			

3 その他の資産

自動車（自動二輪を含む。）	有・無	使用状況	所有者氏名	車種	排気量	年式
		使用・未使用				
貴金属	有・無	品名（評価概算額　　　　円）				
その他高価なもの	有・無	品名（評価概算額　　　　円）				

4 負債（借金）

	金額	借入先
有・無	円	

（記入上の注意）
1　この申告書は、保護を受けようとする者が記入してください。
2　資産の書類ごとにその有無について〇で囲んでください。土地については、借地等の場合も記入してください。
3　有を〇で囲んだ資産については、次により記入してください。
　（1）同じ種類の資産を複数所有している場合は、そのすべてを記入してください。
　（2）有価証券は、例えば「株券、国債」等と記入し、その評価概算額は、現在売却した場合のおおよその金額を記入してください。
　（3）貴金属は、例えば「ダイヤの指輪」等と記入してください。
4　書ききれない場合は、余白に記入するか、又は別紙に記入の上添付してください。
5　不実の申告をして不正に保護を受けた場合、生活保護法第85条又は刑法の規定によって処罰されることがあります。

付録3 収入申告書の書式例

[表面]

収入申告書

(宛先) 市福祉事務所長

年　月　日

住　所

氏　名　　　　　　　　㊞

私の世帯の総収入は、次のとおり相違ありません。

1　働いて得た収入

働いている者の氏名	仕事の内容勤め先（会社名）等	区分	当月分（見込額）	前6か月分					
				(3)月	(2)月	(1)月	(12)月	(11)月	(10)月
		収入							
		必要経費①							
		就労日数							
		収入							
		必要経費②							
		就労日数							
		収入							
		必要経費③							
		就労日数							

必要経費（前月分）の主な内容	①
	②
	③

2　恩給・年金等による収入（受けているものを○で囲んでください。）

| 有・無 | 国民年金、厚生年金、恩給、児童手当、児童扶養手当特別児童扶養手当、雇用保険、傷病手当金その他（　　　　　　　　　　　　） | 収入額 | 月額　　　　円年額　　　　円 |

3　仕送りによる収入（前6か月間の合計を記入してください。）

有・無	区分	内容	仕送りした者の氏名
	仕送りによる収入	円	
	現物による収入	米、野菜、魚介（もらったものを○で囲んでください。）	

（記入に当たっては裏面の記入上の注意をよくお読みください。）

[裏面]

4 その他の収入（前6か月間の合計を記入してください。）

有・無		内　　　容	収　　入
	生命保険等の給付金		円
	財　産　収　入 （土地、家屋の賃貸料等）		円
	そ　　の　　他		円

5 その他将来において見込みのある収入（上記1～4に記入したものを除く。）

有・無	内　　　容	収入見込額
		円

6 働いて得た収入がない者（義務教育終了前の者は記入する必要はありません。）

氏　　　名	働いて得た収入のない理由

（記入上の注意）
（1）この申告書は、保護を受けようとする者又は保護を受けている者が記入してください。
（2）「1　働いて得た収入」は、給与、日雇、内職、農業、事業等による収入の種類ごとに記入してください。
（3）農業収入については、前1年間の総収入のみを当月分の欄に記入してください。
（4）必要経費欄には収入を得るために必要な交通費、材料費、仕入代、社会保険料等の経費の総額を記入してください。
（5）2～5の収入は、その有無について〇で囲んでください。有を〇で囲んだ収入については、その右欄にも記入してください。
（6）書ききれない場合は、余白に記入するか又は別紙に記入の上添付してください。
（7）収入のうち証明書等の取れるもの（例えば勤務先の給与証明書等、各種保険支払通知書等）は、この申告書に必ず添付してください。
（8）不実の申告をして不正に保護を受けた場合、生活保護法第85条又は刑法の規定によって処罰されることがあります。

付録4　調査の同意書の書式例

[表面]

調　査　の　同　意　書

　生活保護法（以下「法」という。）による保護の決定若しくは実施又は法第77条若しくは第78条の規定の施行のために必要があるときは、私及び私の世帯員の次に掲げる事項につき、○○市福祉事務所が官公署、日本年金機構若しくは共済組合等（以下「官公署等」という。）に対し、必要な書類の閲覧若しくは資料の提供を求め、又は銀行、信託会社、保険会社、証券会社、私若しくは私の世帯員の雇主、その他の関係人（以下「銀行等」という。）に報告を求めることに同意します。

　また、○○市福祉事務所の調査又は報告要求に対し、官公署等又は銀行等が報告することについて、私及び私の世帯員が同意している旨を官公署等又は銀行等に伝えることについても同意します。

・　氏名及び住所又は居所
・　資産及び収入の状況（生業若しくは就労又は求職活動の状況、扶養義務者の扶養の状況及び他の法律に定める扶助の状況を含む。）
・　健康状態
・　他の保護の実施機関における保護の決定及び実施の状況
・　支出の状況

※　保護廃止後は、氏名及び住所又は居所、健康状態並びに他の保護の実施機関における保護の決定及び実施の状況を除き、保護を受けていた期間における事項に限る。

　　　平成　　年　　月　　日

世帯主　　住　所　　○○市　　　　町　　丁目　　番号
　　　　　　　　　　　　　　　　　　　　　　　　　番地

　　　　　氏　名　　　　　　　　　㊞

世帯員　　氏　名　　　　　　　　　㊞（親権者　　　　　　㊞）
　　　　　氏　名　　　　　　　　　㊞（親権者　　　　　　㊞）
　　　　　氏　名　　　　　　　　　㊞（親権者　　　　　　㊞）
　　　　　氏　名　　　　　　　　　㊞（親権者　　　　　　㊞）
　　　　　氏　名　　　　　　　　　㊞（親権者　　　　　　㊞）
　　　　　氏　名　　　　　　　　　㊞（親権者　　　　　　㊞）

　　　　　　　　　　　　　　　※親権者の記載は世帯員が未成年者の場合のみ

（宛先）　○○市福祉事務所長

[裏面]

(参考) 生活保護法
第29条 保護の実施機関及び福祉事務所長は、保護の決定若しくは実施又は第77条若しくは第78条の規定の施行のために必要があると認めるときは、次の各号に掲げる者の当該各号に定める事項につき、官公署、日本年金機構若しくは国民年金法(昭和34年法律第141号)第3条第2項に規定する共済組合等(次項において「共済組合等」という。)に対し、必要な書類の閲覧若しくは資料の提供を求め、又は銀行、信託会社、次の各号に掲げる者の雇主その他の関係人に、報告を求めることができる。
一 要保護者又は被保護者であった者 氏名及び住所又は居所、資産及び収入の状況、健康状態、他の保護の実施機関における保護の決定及び実施の状況その他政令で定める事項(被保護者であった者にあっては、氏名及び住所又は居所、健康状態並びに他の保護の実施機関における保護の決定及び実施の状況を除き、保護を受けていた期間における事項に限る。)
二 前号に掲げる者の扶養義務者 氏名及び住所又は居所、資産及び収入の状況その他政令で定める事項(被保護者であった者の扶養義務者にあっては、氏名及び住所又は居所を除き、当該被保護者であった者が保護を受けていた期間における事項に限る。)
2 別表第一の上欄に掲げる官公署の長、日本年金機構又は共済組合等は、それぞれ同表の下欄に掲げる情報につき、保護の実施機関又は福祉事務所長から前項の規定による求めがあったときは、速やかに、当該情報を記載し、若しくは記録した書類を閲覧させ、又は資料の提供を行うものとする。

付録5　保護変更申請書（傷病届）の書式例

様式第12号

地区担当	統計担当	医療担当

受理年月日

保護変更申請書（傷病届）

1. 医療　2. 治療材料　3. 施術（柔道整復）　4. 施術（あん摩・マッサージ、はり・きゅう）　5. 移送

		ケース番号	－
患者氏名	（　　歳）男・女	居住地	
世帯主氏名		現在受けている扶助	生・住・教・医・その他

申請種別	1. 医療（ア. 通院　イ. 入院　ウ. 退院　エ. 転院　オ. 老健施設入所・退所・通所　カ. その他）
病状及び理由	

申請種別	2. 治療材料　3. 施術（柔道整復）　4. 施術（あん摩・マッサージ、はり・きゅう）　5. 移送
給付内容	
主訴及び理由	

上記のとおり生活保護法による保護の変更を申請します。

平成　　年　　月　　日

（宛先）　　市福祉事務所長

申請者　住所　　市　　町　丁目　番号　番地

氏名　　　　　　㊞

（患者との関係　　　　　）

付録6　生活保護法による一時扶助申請書の書式例

生活保護法による一時扶助申請書

受付年月日　平成　　年　　月　　日

現住所			市　　　　町　丁目　番　号 番地				
家族の状況	人員	氏　名	続柄	性別	生年月日	職業	勤務先・月収
	1		世帯主	男・女	・　・		
	2			男・女	・　・		
	3			男・女	・　・		
	4			男・女	・　・		
	5			男・女	・　・		
	6			男・女	・　・		
	7			男・女	・　・		

一時扶助を申請する理由	

上記のとおり生活保護法による一時扶助を申請します。

　　　　　　　　　　　　　　　　　　　平成　　年　　月　　日

　　市福祉事務所長　　殿

　　　　申請者　住所　　市　　　　町　丁目　番　号
　　　　　　　　　　　　　　　　　　　　　　　　番地
　　　　　　　　氏名　　　　　　　　　㊞
　　　　　　　（世帯主との関係　　　　）

付録7 「級地」区分表

(平成30年10月1日現在)

【1級地-1】

都道府県・市町村名	都道府県・市町村名	都道府県・市町村名	都道府県・市町村名	都道府県・市町村名
埼玉県 　川口市 　さいたま市 東京都 　区の存する地域 　八王子市 　立川市 　武蔵野市 　三鷹市 　府中市 　昭島市 　調布市 　町田市 　小金井市	小平市 　日野市 　東村山市 　国分寺市 　国立市 　福生市 　狛江市 　東大和市 　清瀬市 　東久留米市 　多摩市 　稲城市 　西東京市	神奈川県 　横浜市 　川崎市 　鎌倉市 　藤沢市 　逗子市 　大和市 　三浦郡葉山町 愛知県 　名古屋市 京都府 　京都市	大阪府 　大阪市 　堺市 　豊中市 　池田市 　吹田市 　高槻市 　守口市 　枚方市 　茨木市 　八尾市 　寝屋川市 　松原市 　大東市	門真市 　摂津市 　東大阪市 兵庫県 　神戸市 　尼崎市 　西宮市 　芦屋市 　伊丹市 　宝塚市 　川西市

【1級地-2】

都道府県・市町村名	都道府県・市町村名	都道府県・市町村名	都道府県・市町村名	都道府県・市町村名
北海道 　札幌市 　江別市 宮城県 　仙台市 埼玉県 　所沢市 　蕨市 　戸田市 　朝霞市 　新座市	千葉県 　千葉市 　市川市 　船橋市 　松戸市 　習志野市 　浦安市 東京都 　青梅市 　武蔵村山市 神奈川県 　横須賀市 　平塚市 　小田原市 　茅ヶ崎市	相模原市 　三浦市 　秦野市 　厚木市 　座間市 滋賀県 　大津市 京都府 　宇治市 　向日市 　長岡京市	大阪府 　岸和田市 　泉大津市 　貝塚市 　和泉市 　高石市 　藤井寺市 　四條畷市 　交野市 　泉北郡忠岡町 兵庫県 　姫路市	岡山県 　岡山市 　倉敷市 広島県 　広島市 　呉市 　福山市 　安芸郡府中町 福岡県 　北九州市 　福岡市

【2級地－1】

都道府県・市町村名	都道府県・市町村名	都道府県・市町村名	都道府県・市町村名	都道府県・市町村名
北　海　道	郷　　　　市	石　川　県	大　阪　府	熊　本　県
函　館　市	三ふじみ野市	金　沢　市	泉　佐　野　市	熊　本　市
小　樽　市	入　間　郡	福　井　県	富　田　林　市	大　分　県
旭　川　市	三　芳　町	福　井　市	河　内　長　野　市	大　分　市
室　蘭　市	千　葉　県	山　梨　県	柏　原　市	別　府　市
釧　路　市	野　田　市	甲　府　市	羽　曳　野　市	宮　崎　県
帯　広　市	佐　倉　市	長　野　県	泉　南　市	宮　崎　市
苫　小　牧　市	柏　市	長　野　市	大　阪　狭　山　市	鹿　児　島　県
千　歳　市	市　原　市	松　本　市	三　島　郡	鹿　児　島　市
恵　庭　市	流　山　市	岐　阜　県	島　本　町	沖　縄　県
北　広　島　市	八　千　代　市	岐　阜　市	泉　南　郡	那　覇　市
青　森　県	我　孫　子　市	静　岡　県	熊　取　町	
青　森　市	鎌　ヶ　谷　市	静　岡　市	田　尻　町	
岩　手　県	四　街　道　市	浜　松　市	奈　良　県	
盛　岡　市	東　京　都	沼　津　市	奈　良　市	
秋　田　県	羽　村　市	熱　海　市	生　駒　市	
秋　田　市	あ　き　る　野　市	伊　東　市	和　歌　山　県	
山　形　県	西　多　摩　郡	愛　知　県	和　歌　山　市	
山　形　市	瑞　穂　町	豊　橋　市	鳥　取　県	
福　島　県	神　奈　川　県	岡　崎　市	鳥　取　市	
福　島　市	伊　勢　原　市	一　宮　市	島　根　県	
茨　城　県	海　老　名　市	春　日　井　市	松　江　市	
水　戸　市	南　足　柄　市	豊　田　市	山　口　県	
栃　木　県	綾　瀬　市	刈　谷　市	下　関　市	
宇　都　宮　市	高　座　郡	安　城　市	徳　島　県	
群　馬　県	寒　川　町	知　立　市	徳　島　市	
前　橋　市	中　郡	尾　張　旭　市	香　川　県	
高　崎　市	大　磯　町	日　進　市	高　松　市	
桐　生　市	二　宮　町	三　重　県	愛　媛　県	
埼　玉　県	足　柄　上　郡	津　市	松　山　市	
川　越　市	大　井　町	四　日　市　市	高　知　県	
熊　谷　市	松　田　町	滋　賀　県	高　知　市	
春　日　部　市	開　成　町	草　津　市	福　岡　県	
狭　山　市	足　柄　下　郡	京　都　府	久　留　米　市	
上　尾　市	箱　根　町	城　陽　市	佐　賀　県	
草　加　市	真　鶴　町	八　幡　市	佐　賀　市	
越　谷　市	湯　河　原　町	京　田　辺　市	長　崎　県	
入　間　市	新　潟　県	乙　訓　郡	長　崎　市	
志　木　市	新　潟　市	大　山　崎　町		
桶　川　市	富　山　県	久　世　郡		
八　潮　市	富　山　市	久　御　山　町		
富　士　見　市	高　岡　市			

【2級地－2】

都道府県・市町村名	都道府県・市町村名	都道府県・市町村名	都道府県・市町村名	都道府県・市町村名
北　海　道	岐　　阜　　県	兵　　庫　　県	福　　岡　　県	京　都　郡
夕　張　市	大　垣　市	加古川市	大牟田市	苅　田　町
岩見沢市	多治見市	高砂市	直方市	長　崎　県
登　別　市	土岐市	加古郡	飯塚市	佐世保市
宮　城　県	瑞浪市	播磨町	行橋市	西海市
塩　竈　市	各務原市	奈　良　県	中間市	熊　　本　　県
名取市	静　　岡　　県	橿原市	筑紫野市	荒尾市
多賀城市	三島市	岡　　山　　県	春日市	
茨　城　県	富士市	玉野市	大野城市	
日立市	愛　　知　　県	広　　島　　県	太宰府市	
土浦市	瀬戸市	三原市	古賀市	
古河市	豊田市	尾道市	福津市	
取手市	安城市	府中市	那珂川市	
栃　木　県	大府市	大竹市	糟屋郡	
足利市	岩倉市	廿日市市	宇美町	
新　潟　県	豊明市	安芸郡	篠栗町	
長岡市	清須市	海田町	志免町	
石　川　県	名古屋市	坂町	須恵町	
小松市	三　　重　　県	山　　口　　県	新宮町	
長　野　県	松阪市	宇部市	久山町	
上田市	桑名市	防府市	粕屋町	
岡谷市		岩国市	遠賀郡	
諏訪市		周南市	芦屋町	
			水巻町	
			岡垣町	
			遠賀町	

【3級地－1】

都道府県・市町村名	都道府県・市町村名	都道府県・市町村名	都道府県・市町村名	都道府県・市町村名
北　　海　　道	天　塩　　郡	岩　　手　　県	東　根　　市	太　田　　市
北　見　　市	天　塩　町	宮　古　　市	尾　花　沢　市	沼　田　　市
網　走　　市	幌　延　町	大　船　渡　市	南　陽　　市	館　林　　市
留　萌　　市	宗　谷　　郡	花　巻　　市	福　　島　　県	渋　川　　市
稚　内　　市	猿　払　村	北　上　　市	会　津　若　松　市	藤　岡　　市
美　唄　　市	枝　幸　　郡	久　慈　　市	郡　山　　市	富　岡　　市
芦　別　　市	浜　頓　別　町	遠　野　　市	いわき市	安　中　　市
赤　平　　市	枝　幸　町	一　関　　市	白　河　　市	吾　妻　　郡
紋　別　　市	網　走　　郡	陸　前　高　田　市	須　賀　川　市	草　津　町
士　別　　市	美　幌　町	釜　石　　市	喜　多　方　市	利　根　　郡
名　寄　　市	斜　里　　郡	二　戸　　市	相　馬　　市	みなかみ町
三　笠　　市	斜　里　町	奥　州　　市	二　本　松　市	大　泉　町
根　室　　市	清　里　町	滝　沢　　市	南　相　馬　市	埼　　玉　　県
滝　川　　市	紋　別　　郡	宮　　城　　県	茨　　城　　県	行　田　　市
歌　志　内　市	遠　軽　町	石　巻　　市	石　岡　　市	秩　父　　市
深　川　　市	滝　上　町	気　仙　沼　市	龍　ヶ　崎　市	飯　能　　市
富　良　野　市	興　部　町	白　石　　市	常　陸　太　田　市	加　須　　市
伊　達　　市	西　興　部　村	角　田　　市	高　萩　　市	本　庄　　市
石　狩　　市	雄　武　町	岩　沼　　市	牛　久　　市	東　松　山　市
北　斗　　市	沙　流　　郡	大　崎　　市	つ　く　ば　市	羽　生　　市
亀　田　　郡	日　高　町	富　谷　　市	ひたちなか市	鴻　巣　　市
七　飯　町	浦　河　　郡	柴　田　　郡	鹿　嶋　　市	深　谷　　市
山　越　　郡	浦　河　町	大　河　原　町	潮　来　　市	久　喜　　市
長　万　部　町	河　東　　郡	柴　田　町	守　谷　　市	北　本　　市
檜　山　　郡	音　更　町	宮　城　　郡	筑　西　　市	蓮　田　　市
江　差　町	河　西　町	七　ヶ　浜　町	那　珂　　市	坂　戸　　市
虻　田　　郡	芽　室　町	利　府　町	東　海　　村	幸　手　　市
京　極　町	中　札　内　村		稲　敷　　郡	鶴　ヶ　島　市
倶　知　安　町	足　寄　町		美　浦　村	日　高　　市
岩　内　　郡	釧　路　　郡	秋　　田　　県	北　相　馬　郡	吉　川　　市
岩　内　町	釧　路　町	能　代　　市	利　根　町	白　岡　　市
余　市　　郡	川　上　　郡	横　手　　市	栃　　木　　県	北　足　立　郡
余　市　町	弟　子　屈　町	大　館　　市	栃　木　　市	伊　奈　町
空　知　　郡	標　津　郡	男　鹿　　市	佐　野　　市	入　間　　郡
奈　井　江　町	中　標　津　町	湯　沢　　市	鹿　沼　　市	毛　呂　山　町
上　砂　川　町	標　津　町	鹿　角　　市	日　光　　市	越　生　町
南　富　良　野　町	目　梨　　郡	由　利　本　荘　市	小　山　　市	比　企　　郡
上　川　　郡	羅　臼　町	大　仙　　市	真　岡　　市	嵐　山　町
鷹　栖　町	日　高　　郡		大　田　原　市	小　川　町
東　神　楽　町	新　ひだか町	山　　形　　県	矢　板　　市	川　島　町
上　川　町	青　　森　　県	米　沢　　市	那　須　塩　原　市	南　埼　玉　郡
東　川　町	弘　前　　市	鶴　岡　　市	下　野　　市	宮　代　町
新　得　町	八　戸　　市	酒　田　　市	塩　谷　　郡	北　葛　飾　郡
勇　払　　郡	五　所　川　原　市	新　庄　　市	塩　谷　町	杉　戸　町
占　冠　村	十　和　田　市	寒　河　江　市	河　内　　郡	松　伏　町
安　平　町	三　沢　　市	上　山　　市	上　三　川　町	
中　川　　郡	むつ市	村　山　　市	下　都　賀　郡	
音　威　子　府　村	黒　石　　市	長　井　　市	壬　生　町	
中　川　町	平　川　　市	天　童　　市	群　　馬　　県	
幕　別　町			伊　勢　崎　市	

●付録7　「級地」区分表　165

都道府県・市町村名	都道府県・市町村名	都道府県・市町村名	都道府県・市町村名	都道府県・市町村名
千葉県	見附 市	大野 市	野沢温泉 村	木曽 郡
銚子 市	村上 市	勝山 市	山ノ内 町	上松 町
館山 市	燕 市	鯖江 市	木島平 村	南木曽 町
木更津 市	糸魚川 市	あわら 市	野沢温泉 村	**岐阜県**
茂原 市	五泉 市	越前 市	坂城 町	高山 市
成田 市	上越 市	坂井 市	上高井 郡	関 市
東金 市	佐渡 市	吉田 郡	小布施 町	中津川 市
旭 市	魚沼 市	永平寺 町	**岐阜県**	美濃 市
勝浦 市	南魚沼 市	南条 郡	高山 市	羽島 市
鴨川 市	湯沢 町	南越前 町	関 市	恵那 市
君津 市	刈羽 郡	丹生 郡	中津川 市	美濃加茂 市
富津 市	刈羽 村	越前 町	美濃 市	可児 市
袖ヶ浦 市	**富山県**	**山梨県**	羽島 市	瑞穂 市
白井 市	富山 市	富士吉田 市	恵那 市	岐阜 郡
匝瑳 市	魚津 市	都留 市	美濃加茂 市	笠松 町
香取 市	氷見 市	山梨 市	可児 市	巣 郡
印旛 郡	滑川 市	大月 市	瑞穂 市	北方 町
酒々井 町	黒部 市	韮崎 市	岐阜 郡	**静岡県**
東京都	砺波 市	甲斐 市	笠松 町	富士宮 市
西多摩 郡	小矢部 市	笛吹 市	巣 郡	島田 市
日の出 町	南砺 市	上野原 市	北方 町	磐田 市
檜原 村	射水 市	甲州 市	**静岡県**	焼津 市
奥多摩 町	中新川 郡	中央 市	富士宮 市	掛川 市
大島 町	舟橋 村	昭和 町	島田 市	藤枝 市
利島 村	上市 町	**長野県**	磐田 市	御殿場 市
新島 村	立山 町	飯田 市	焼津 市	袋井 市
神津島 村	下新川 郡	須坂 市	掛川 市	下田 市
三宅 村	入善 町	小諸 市	藤枝 市	裾野 市
御蔵島 村	朝日 町	伊那 市	御殿場 市	伊豆 市
八丈 町	**石川県**	駒ヶ根 市	袋井 市	伊豆の国 市
青ヶ島 村	七尾 市	中野 市	下田 市	賀茂 郡
小笠原 村	輪島 市	大町 市	裾野 市	東伊豆 町
神奈川県	珠洲 市	飯山 市	伊豆 市	南伊豆 町
足柄上 郡	加賀 市	茅野 市	伊豆の国 市	松崎 町
中井 町	羽咋 市	塩尻 市	賀茂 郡	西伊豆 町
山北 町	かほく 市	佐久 市	東伊豆 町	函南 町
愛甲 郡	白山 市	千曲 市	南伊豆 町	駿東 郡
愛川 町	能美 市	東御 市	松崎 町	清水 町
清川 村	川北 町	安曇野 市	西伊豆 町	長泉 町
新潟県	河北 郡	軽井沢 町	函南 町	小山 町
三条 市	津幡 町	下諏訪 町	駿東 郡	**愛知県**
柏崎 市	内灘 町	富士見 町	清水 町	半田 市
新発田 市	**福井県**	諏訪 郡	長泉 町	津島 市
小千谷 市	敦賀 市	下富良 町	小山 町	碧南 市
加茂 市		上伊那 郡	**愛知県**	西尾 市
十日町 市		辰野 町	田原 市	蒲郡 市
		箕輪 町	島 市	犬山 市
		木曽 郡	南知多 町	常滑 市

166 付 録

都道府県・市町村名	都道府県・市町村名	都道府県・市町村名	都道府県・市町村名	都道府県・市町村名
三重郡	西の市	伊都郡	庄原市	朝倉郡
菰野町	つの市	高野町	東広島市	嘉麻市
朝日町	加川辺郡	有田郡	安芸高田市	
川越町	猪名川町	湯浅町	江田島市	**佐　賀　県**
	加古川市	日高郡	安芸郡	唐津市
滋　賀　県	稲美町	美浜町	熊野町	鳥栖市
彦根市	揖保郡	西牟婁郡		
長浜市	太子町	白浜町	**山　口　県**	**長　崎　県**
近江八幡市		東牟婁郡	萩市	諫早市
守山市	**奈　良　県**	那智勝浦町	下松市	大村市
栗東市	大和高田市	太地町	光市	西彼杵郡
甲賀市	大和郡山市	串本町	長門市	長与町
野洲市	天理市		柳井市	時津町
湖南市	桜井市	**鳥　取　県**	美祢市	
東近江市	五條市	米子市	陽小野田市	**大　分　県**
	御所市	倉吉市	玖珂郡	中津市
京　都　府	香芝市	境港市	和木町	
福知山市	宇陀市	西伯郡	熊毛郡	**宮　崎　県**
舞鶴市	駒郡	日吉津村	田布施町	都城市
綾部市	平群町		平生町	延岡市
宮津市	三郷町	**島　根　県**		
亀岡市	斑鳩町	浜田市	**徳　島　県**	**鹿　児　島　県**
南丹市	安堵町	出雲市	鳴門市	鹿屋市
木津川市	磯城郡	益田市	小松島市	枕崎市
綴喜郡	川西町	大田市	阿南市	阿久根市
井手町	三宅町	安来市		出水市
宇治田原町	田原本町	江津市	**香　川　県**	伊佐市
相楽郡	高取町	隠岐郡	丸亀市	指宿市
精華町	明日香村	隠岐の島町	善通寺市	西之表市
	北葛城郡		観音寺市	垂水市
大　阪　府	上牧町	**岡　山　県**	香川郡	薩摩川内市
阪南市	王寺町	津山市	直島町	日置市
豊能郡	広陵町	笠岡市	綾歌郡	いちき串木野市
豊能町	河合町	井原市	宇多津町	霧島市
能勢町	吉野郡	総社市	仲多度郡	南さつま市
泉南郡	大淀町	高梁市	琴平町	奄美市
岬町		新見市	多度津町	
南河内郡	**和　歌　山　県**	備前市		**沖　縄　県**
太子町	海南市	浅口市	**愛　媛　県**	宜野湾市
河南町	橋本市	真庭市	今治市	石垣市
千早赤阪村	有田市	赤磐郡	新居浜市	浦添市
	御坊市	早島町	西条市	名護市
兵　庫　県	田辺市	浅口郡	四国中央市	糸満市
洲本市	新宮市	里庄町		沖縄市
相生市	岩出市	小田郡	**福　岡　県**	宮古島市
豊岡市	海草郡	矢掛町	柳川市	
赤穂市	紀美野町		八女市	
西脇市		**広　島　県**	筑後市	
三木市		竹原市	大川市	
小野市		三次市	前原市	
三田市				

【3級地－2】
上記に掲げた以外の市町村

[著者略歴]

矢野　輝雄（やの　てるお）

1960年、NHK（日本放送協会）入局。元NHKマネージング・ディレクター。元NHK文化センター講師。現在、矢野行政書士事務所長。

　主な著書：『ひとりでできる行政監視マニュアル』『絶対に訴えてやる！』『＜逮捕・起訴＞対策ガイド』『欠陥住宅被害・対応マニュアル』『本人訴訟ハンドブック【増補改訂版】』『自動車事故・対応マニュアル』『定年からの生活マニュアル』『欠陥住宅をつかまない法』『公務員の個人責任を追及する法』『プロブレムＱ＆Ａあきれる裁判と裁判員制度』『介護保険活用ガイド』（以上、緑風出版）、『あなたのための法律相談＜相続・遺言＞』『あなたのための法律相談＜離婚＞』（以上、新水社）、『市民オンブズ活動と議員のための行政法』（公人の友社）、『家裁利用術』（リベルタ出版）、『ひとり暮らしの老後に備える』『いじめ・体罰・校内暴力〜保護者の法的対応マニュアル』（以上、信山社）、『特許ノウハウ実施契約Ｑ＆Ａ』『知的財産権の考え方・活かし方Ｑ＆Ａ』（以上、オーム社）、ほか

連絡先　矢野事務所　電話／FAX087-834-3808

JPCA 日本出版著作権協会
http://www.jpca.jp.net/

＊本書は日本出版著作権協会（JPCA）が委託管理する著作物です。
　本書の無断複写などは著作権法上での例外を除き禁じられています。複写（コピー）・複製、その他著作物の利用については事前に日本出版著作権協会（電話03-3812-9424、e-mail:info@e-jpca.jp.net）の許諾を得てください。

生活保護獲得ガイド【改訂新版】

2007年　7月31日　初版第1刷発行　　　　　　　　定価1800円＋税
2018年11月10日　改訂新版第1刷発行

著　者　矢野輝雄 ©
発行者　高須次郎
発行所　緑風出版
　　　〒113-0033　東京都文京区本郷2-17-5　ツイン壱岐坂
　　　［電話］03-3812-9420　［FAX］03-3812-7262　［郵便振替］00100-9-30776
　　　［E-mail］info@ryokufu.com　［URL］http://www.ryokufu.com/

装　幀　斎藤あかね　　　　イラスト　堀内朝彦
制　作　R企画　　　　　　印　刷　中央精版印刷・巣鴨美術印刷
製　本　中央精版印刷　　　用　紙　大宝紙業・中央精版印刷　　　　E1200

〈検印廃止〉乱丁・落丁は送料小社負担でお取り替えします。
本書の無断複写（コピー）は著作権法上の例外を除き禁じられています。なお、
複写など著作物の利用などのお問い合わせは日本出版著作権協会（03-3812-9424）
までお願いいたします。
Teruo YANO© Printed in Japan　ISBN978-4-8461-1817-4　C0036

定年からの生活マニュアル

矢野輝雄著

A5判並製
二三〇頁
1900円

平均寿命が延びるなか、定年後の長い期間を快適に過ごすための読本です。また生活設計をするためには、少なくとも社会保険制度の理解が必要です。複雑な年金制度や介護サービスなどの仕組みを分かりやすく解説し、快適に過ごすための読本です。

刑事事件お助けガイド

矢野輝雄著

A5判並製
二三〇頁
1900円

告訴・告発のしかたから起訴後まで、刑事手続きの仕組みとその問題点も解説。被疑者やその家族の立場から、そこでの対応法や問題点、また、新たに導入された裁判員制度とその問題点も解説。まさかの時の刑事事件、これさえあれば、大丈夫です。

行政監視マニュアル

矢野輝雄著

A5判並製
二六〇頁
2200円

税金の無駄遣いの監視等は、各自治体の監査委員や議会がすべきだが、「眠る議会と死んだ監査委員」といわれ、何も監視しない状況が続いている。本書は、市民がひとりでもできるように、ていねいに様々な監視手法を説明。

欠陥住宅被害・対応マニュアル

矢野輝雄著

A5判並製
一七六頁
2200円

欠陥住宅に泣く人は後を絶たない。その上、原因究明や解決となると、時間や費用がかかり、極めて困難だ。本書は一級建築士らが、建築の素人である一般市民でも闘えるように、業者に対抗する知識とノウハウを解説。

絶対に訴えてやる！
訴えるための知識とノウハウ

矢野輝雄・宮武正基著

A5判並製
一八八頁
1900円

「絶対に訴えてやる！」と思った時一人で裁判にもちこむことも可能。本書は民事訴訟、家事事件や告訴、告発までの必要な理論と書式、手続をわかりやすく解説すると共に、マニュアルとして利用可能。手許に置くべき1冊だ。

自動車事故・対応マニュアル

矢野輝雄著

A5判並製
一八八頁
1900円

交通事故による死傷者数は一〇〇万人を超え、検挙者数も増大している。本書は、被害者、加害者双方の立場から、交通事故や保険の基礎知識の他、事故発生時から損害賠償の最終的解決に至るまでのすべての対応を詳しく解説。

◎緑風出版の本

■全国のどの書店でもご購入いただけます。
■店頭にない場合は、なるべく書店を通じてご注文ください。
■表示価格には消費税が加算されます。

家事事件手続ハンドブック
家庭裁判所利用術

矢野輝雄著　A5判並製　二〇〇頁　2000円

老親の扶養、離婚、財産分与、遺産の分割のような家庭内の問題で争いが生じた場合など、当事者として特に利用することの多い家事事件手続を取り上げたほか、どんな家事事件にも対応することのできる理論と実務について説明。

相続・遺言対策ガイド
相続の仕組みと遺言書の書き方

矢野輝雄著　A5判並製　二二〇頁　2200円

二〇一五年一月から相続税の大増税が実施されました。このため、相続税を払わなければいけない人が大幅に増える見込みです。相続の仕組みや遺言のことなど、きちんと把握しておかないと、家族に迷惑がかかります。易しく解説。

配偶者暴力対策ガイド
家庭裁判所利用術

矢野輝雄著　A5判並製　二〇〇頁　1800円

DV（ドメスティック・バイオレンス）防止法が制定されたが、十分活用されない。本書は、DVへの対処法、相談や保護命令の申立、生活保障などを解説すると共に、離婚に至ったときのやり方も詳細に解説。すぐ役立つ！

本人訴訟ハンドブック【増補改訂版】

矢野輝雄著　A5判並製　二六〇頁　2300円

民事訴訟は、国家機関である裁判所を活用して自分の権利を実現する方法です。その仕組みは、誰でも大体のルールがわかれば、本人訴訟が可能です。本書は、法律知識のない人でも訴訟に勝てるように丁寧に解説しています。

公務員の個人責任を追及する法

矢野輝雄著　A5判並製　二四〇頁　2000円

複数の公務員や民間業者が関与して行なわれることが多い裏金作り、カラ出張、収賄等を告発するには、どんな方法があるのか。本書は、公務員の犯罪行為やその他の違法行為を効果的に追及する方法を個別、具体的に説明。

介護保険活用ガイド

矢野輝雄 著

A5判並製　二二〇頁　1700円

超高齢社会の日本で、少ない年金で生活するには、介護保険の上手な活用が鍵となる。親の介護はもちろん、自分の老後を賢く設計するためにも、介護保険のしくみを理解しておくことが必要だ。多数の図解と共に、活用法をガイド。

「逮捕・起訴」対策ガイド
市民のための刑事手続法入門

矢野輝雄 著

A5判並製　二〇八頁　2000円

万一、あなたやあなたの家族や友人が犯人扱いされたり、犯人となってしまった場合、どうすればよいのか。本書はそういう人たちのために、逮捕から起訴、そして裁判から万一の服役まで刑事手続法の一切をやさしく解説する。

プロブレムQ&A
ひとりでも闘える労働組合読本
[三訂増補版][リストラ・解雇・倒産の対抗戦法]

ミドルネット 著

A5判変並製　二八〇頁　1900円

リストラ、解雇、倒産に伴う労使間のトラブルは増え続けている。派遣・契約・パートなどの非正規労働者問題を増補。個別労働紛争救済機関新設など改正労働法制に具体的に対応。労働条件の切り下げや解雇・倒産に、どう対処したらいいのか？ひとりでも会社とやり合うための「入門書」。

プロブレムQ&A
「解雇・退職」対策ガイド
[三訂増補版][辞めさせられたとき辞めたいとき]

金子雅臣・小川浩一・龍井葉二 著

A5判変並製　三四八頁　2200円

リストラ、解雇、配置転換・レイオフ・肩たたきにどう対応すればいいのか？労働相談のエキスパートが改正労働基準法を踏まえ、有期雇用問題を増補。解決法を完全ガイド。

メンタルヘルスの労働相談

メンタル・ヘルスケア研究会 著

A5判並製　四六判並製　二四四頁　1800円

サービス残業等の長時間労働、成果主義賃金により、職場いじめ、うつ、自殺者などが急増している。本書は、相談者に寄り添い、相談の仕方、会社との交渉、職場復帰、アフターケアなどを具体的に解説。相談マニュアルの決定版。

職場いびり
[アメリカの現場から]

ノア・ダベンポート他 著／アカデミックNPO 訳

四六判上製　三二六頁　2400円

職場におけるいじめは、不況の中でますます増えてきている。欧米では「モビング」という言葉で、多角的に研究されている。本書は米国の職場いびりによって会社をやめざるをえなかった体験から問題を提議した基本図書。